超级营销

Super Marketing

引爆超级销量的营销7步法则

柯清锋 著

中国经济出版社
CHINA ECONOMIC PUBLISHING HOUSE
北京

图书在版编目（CIP）数据

超级营销：引爆超级销量的营销 7 步法则 / 柯清锋著 . -- 北京：中国经济出版社，2021.1

ISBN 978-7-5136-6367-0

Ⅰ . ①超… Ⅱ . ①柯… Ⅲ . ①品牌营销 Ⅳ . ① F713.3

中国版本图书馆 CIP 数据核字（2020）第 190633 号

责任编辑　张梦初　陈宇慧　戴　瑛
责任印制　巢新强
封面设计　卓义云天

出版发行　中国经济出版社
印 刷 者　北京力信诚印刷有限公司
经 销 者　各地新华书店
开　　本　710mm × 1000mm　1/16
印　　张　15.75
字　　数　230 千字
版　　次　2021 年 1 月第 1 版
印　　次　2021 年 1 月第 1 次
定　　价　58.00 元
广告经营许可证　京西工商广字第 8179 号

中国经济出版社 **网址** www.economyph.com **社址** 北京市东城区安定门外大街58号 **邮编** 100011

本版图书如存在印装质量问题，请与本社销售中心联系调换（联系电话：010-57512564）

Preface | 前言

在市场经济时代，越来越多的人为营销的魅力所折服。戴比尔斯的“钻石恒久远，一颗永流传”，脑白金的“今年过年不收礼，收礼只收脑白金”，雀巢“笨NANA”可以“剥开吃”的冰淇淋等，这些经典的营销案例不仅塑造了一个又一个成功的品牌、产品，而且改变了人们的消费理念，成为人们心目中永恒的记忆。

在传统观念里，市场营销非常容易，只要企业做好市场调研，了解消费者需求，根据消费者需求做好产品迭代，结合企业文化做好品牌建设就能获得成功。整个过程损耗极少，不需要企业投入太多人力、物力。技术研发却正好与之相反，不仅需要企业投入巨额资金以及优秀的人力资源，而且整个过程非常漫长，技术化—产品化—量产化—市场化，每个阶段都潜藏着很多未知的风险。

但从实际情况来看，过去关于市场营销与技术研发的种种判断似乎发生了错误。近年来，中国高科技行业诞生了很多优秀的企业，例如华为、大疆等；取得了很多令全世界瞩目的成果，例如飞机、卫星、火箭、航空母舰、半导体、物联网、人工智能等。但在注重市场营销的零售行业，无论服装、美妆企业，还是食品、饮料企业，始终处于被领导地位。

2019年，中国有129家企业进入《财富》杂志公布的世界500强企业名单，但只有一家企业进入Interbrand全球最佳品牌100强榜单，这家企业就是华为。这一情况反映出我国企业存在的一个非常严重的问题，即“大而不强”。

为什么会得出这个结论？因为两份榜单的评价标准不一样，《财富》杂志世界500强企业评选考虑的是营业收入，而Interbrand全球最佳品牌100强考虑的是企业的综合实力。我国营业收入高的企业有很多，但综合实力强的企业却是凤毛麟角。寻根究底，就是因为我国企业对市场营销存在很多认知误区。

认知误区一：营销就是销售。

很多人认为商业就是两件事，一是商品制造，二是商品销售。其中，商品制造属于高端技术行业，需要技术、产品、生产等部门负责；而商品销售则属于低端行业，商品销售人员更是得不到应有的尊重。人们将商品营销视为商品传播与销售，而且是非常低端的商品传播与销售，其实是对营销活动的一种错误认知。由于这种认知错误一直存在，以至于很多消费者认为营销人员最擅长的就是颠倒黑白，经常将营销与“忽悠”挂钩，对营销人员存在很多偏见。

从定义来看，营销指的是理解、创造、传播和交付顾客价值的过程，而销售只是传播和交付顾客价值过程中的一个环节。只有基于这一点对营销活动形成系统认知，才能改变对市场营销的错误认识，才能让市场营销发挥出应有的作用，提升企业的影响力及综合实力，而不只是获得巨额收益。

认知误区二：营销就是传播。

在市场营销领域，有一些擅长广告创意，善于抓热点、借热点炒作的人往往会赢得很多人的追捧。因为在这些人看来，好的营销就是出人意料的创意，就是引爆传播。其实，传播不能等同于营销，传播只是营销的一个模块而已。

从本质来看，广告创意、借势传播只是一种传播活动，不能视为营销。如果营销人员无法清晰地认识到这一点，抓不住营销的关键，只是一味地追求传播效果，不仅无法达到预期的营销目标，还有可能造成极大的资源浪费。

其实，企业之所以注重传播，忽略了营销的本质，在很大程度上是受媒体环境的影响。因为在现代社会，媒体是人们获取信息的主要途径之一。很多营销人员错误地认为只要传播范围够广，就能获得大量受众。但实际上，营销活动就像一座冰山，人们能看到海面上露出的传播活动，却无法看到海面下庞大的营销系统。

很多人将营销视为一把万能的钥匙，认为所有的产品只要做好营销就能撬动市场，就能从竞争激烈的市场中脱颖而出。但事实上，对于营销是什么、如何正确地理解营销、如何策划一场能够引爆传播的营销活动，大多数人都没有清晰的认知。

其实，营销非常复杂。首先，营销是一种信息整合活动，因为它需要挖掘消费者的需求，找到产品与消费者需求的契合点；其次，营销活动是一种传播活动，因为它需要借助各种渠道传播信息，增进消费者对产品的了解，在消费者心目中树立良好的形象，刺激消费者做出购买决策。这些正是营销的魅力所在。

《超级营销：引爆超级销量的营销7步法则》一书立足于新的时代背景，从洞察定位、品牌信任、爆品打造、场景体验、营销工具、营销内容、营销渠道七大维度切入，结合无印良品、三只松鼠、优衣库、海底捞等企业成功的营销实战，对新形势下引爆传播的方式、策略进行深入探究，为数字化时代、新零售时代的企业营销、品牌营销、产品营销提供最具借鉴性、指导性的技术与方案。本书结构完整、内容丰富、案例翔实、语言简明易懂，非常适合企业管理者、营销人员、实体商家、创业者、零售行业的研究者、营销专业的专家学者阅读使用。

Contents | 目录

Part 1 洞察定位 / 1

Part 3 爆品打造 / 81

Part 4 场景体验 / 119

Part 6 营销内容 / 173

Part 7 营销渠道 / 213

Part 1 洞察定位

导读

定位是企业开展营销活动的前提，只有定位精准，营销活动才能取得预期的效果。这里的定位内涵非常丰富，包括市场定位、消费者定位、产品定位以及品类定位。

市场定位就是明确目标市场，其目的在于让产品在消费者心目中占据有别于竞争对手的位置。市场定位最常用的方法就是市场调研。第1章从市场调研的价值入手，对市场调研的整个过程进行拆解，对各个阶段的主要任务以及完成任务所需的方法与手段进行全面阐述，帮助读者掌握市场调研的基本流程与方法，拿来即用。

消费者定位就是明确营销活动的对象。营销活动只有做到有的放矢，才能达到应有的效果。第2章围绕如何对目标消费者群体进行精准定位、如何切中消费者的需求痛点、如何绘制精准的用户画像三大问题进行深入探讨，以期带给读者有益启示。

产品定位以及品类定位是营销活动的核心，只有做好产品定位及品类定位，才能在消费者心目中树立清晰的品牌形象，才能开展精准营销。第3章从产品包装、产品设计、产品定价等角度对产品定位的方式方法进行全面探析，对品类定位战略进行深入分析，凝练出三大实用的方法与策略。

第1章

市场调研：有效制定营销战略决策

调研先行：市场调研的主要价值

市场调研又名市场调查、市场研究、营销研究，指的是借助科学的方法与手段，基于特定的目标，有计划地对市场上的供求、资源等信息进行收集、整理、分析的过程。通过市场调研，企业可以了解市场的供需现状及未来的发展趋势，把握顾客的消费心理与消费需求，从而做出正确的决策。在企业的市场营销活动中，市场调研是最重要的一个环节。为了做好市场调研，企业管理者必须掌握一定的技巧与方法。

在开展市场调研之前，调研人员必须明确企业在营销方面存在的问题，确定调研活动的具体目标，利用科学的方法收集企业各个营销阶段的信息，找到问题成因，探寻市场的发展趋势，挖掘消费者的核心诉求，为下一步营销管理方案的制订提供强有力的依据。

◆有助于管理者了解市场状况，发现和利用市场机遇

市场由供给方和需求方构成，二者相互影响、相互成就。随着生产力不断提升，市场上的商品无论类型还是数量都越来越多，呈现出日渐丰富的特点。作为供给方的商品生产者面临着巨大的挑战，如产品、人才、技术、设备的竞争，资金的压力，等等。作为需求方的消费者面对种类繁多的商品必然要做出选择。在这种市场环境下，哪个生产者能够赢得消费者的青睐，就能从激烈的市场竞争中脱颖而出；反之，就有可能被淘汰。当

然，“祸兮福之所倚，福兮祸之所伏。”危机往往与机遇并存，关键在于如何抓住机遇。为了发现机遇、把握机遇，企业管理者必须通过市场调研深入了解市场，发现并抓住市场机遇。

◆有助于管理者制定正确的营销战略

在现代市场营销环境中，企业管理者为了掌握主动权，必须对影响目标市场和营销组合的因素进行了解。企业管理有主动与被动之分，主动管理指的是通过对营销组合进行调整以适应新的经济环境、社会环境以及竞争环境；被动管理指的是在企业面临重大变化不得不采取行动时再决定采取行动。

主动管理的实现离不开有效的市场调研。面对复杂多变的市场环境，管理者想要实现主动管理，必须寻找机会，根据市场发展趋势，基于现有的内部能力和将来的市场环境变化制定长期的营销战略，为企业资源的使用提供科学指导。营销战略是否得当关键在于市场调研是否有效，一个科学的营销战略可以帮助企业抢占市场，实现持续盈利；不合理的营销战略则会导致企业走向末路。

◆有助于企业开发新产品，开拓新市场

随着产品更迭速度越来越快，畅销产品的生命周期越来越短，企业想要实现可持续发展，必须不断地开发新产品。以索尼公司为例，为了保证市场份额，索尼每年大概会推出1000种新产品。在新产品开发过程中，市场调研发挥着重要的指导作用。企业可以通过市场调研了解消费者的核心诉求，掌握消费者消费偏好的变化，根据这些信息设计产品，迎合消费者喜好，创造出更好的销售成绩。

◆有助于企业在竞争中占据有利地位

生产紧随消费的情况屡见不鲜，但其实生产也可以强制需求，也就是说，使消费者在对产品做出全方位了解、对产品产生高度认可之后做出购买行为。这种强制需求一旦成功，企业就可以率先进入市场，占据绝对优势。这种强制需求想要成功，必须以满足消费者的某种需求为基础，在这个过程中，市场调研发挥着非常重要的作用。通过市场调研，企业可以有效利用市场信息，开展营销活动，在市场竞争中占据有利位置。

准备阶段：提出问题并确定目标

市场调研的作用可以总结为以下三点：第一，收集并陈述事实，即获得市场信息，将其反馈给决策者，帮助决策者科学决策；第二，解释信息或活动，即了解当前市场状况的成因和可能对市场状况造成影响的因素；第三，预测，即根据过去的市场信息对未来的市场变化趋势进行推测。

市场调研是一项有组织、有计划的连续性活动，具体可以划分为四个阶段，其流程如图 1–1 所示。

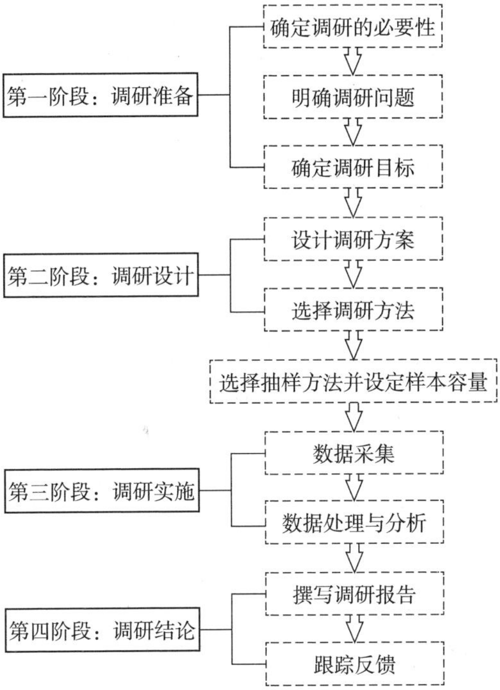

图 1–1　市场调研的流程

首先，在准备阶段，企业要做好以下几项工作。

◆确定调研的必要性

不是所有调研活动都必须落地执行，在开展调研活动之前，管理者必须确定此次调研活动是否有开展的必要。首先，管理者必须明确开展调研活动的目的；其次，管理者需要明确企业是否已经掌握了相关信息，是否有充足的时间和资金开展调研活动，对调研活动的成本与收益进行科学衡量；最后，对调研活动获取信息的程度进行有效评价。

◆明确调研问题

如果确定有必要开展调研活动，下一步就要明确调研问题与主题。一般来说，在正式开展调研活动之前要先开展一次非正式调研，即探索性调研，这是一种小规模的调研活动，其目的在于明确问题的性质、了解问题的背景，从而缩小调研范围、节省调研开支、保证调研效果。在非正式调研过程中，管理者最常用的方法就是收集二手资料，或者开展小范围的座谈会。具体来说，就是全方位收集企业内、外部资料；咨询企业内、外部专家对于调研问题的看法；对消费者或调研对象进行访谈或开展问卷调查，获取相关信息，明确调研问题。

◆确定调研目标

明确调研问题的最终目的就是确定调研目标，为调研活动的开展提供科学指导，为调研质量的评价提供有效工具。调研目标的确定要遵循三大原则：一是准确；二是具体；三是具有较高的可行性。

设计阶段：确定调研方案与方法

◆设计调研方案

调研方案又称调研计划书，设计的目的在于实现调研目标，为调研项目的开展提供科学指导，为回答具体问题提供有效框架。一般来说，一份完整的调研方案需要涵盖以下内容：资料来源、具体的调研内容、调研时间表、调查对象和调研人员、调研预算。调研方案的类型不同，侧重点也不同。因此，在设计具体的调研方案之前，管理者必须明确本次调研活动的类型，即是探索性调研、描述性调研还是因果性调研。

（1）探索性调研方案的设计一般不需要特定的调研结构，调研方法也不太正式，常用来深入了解某个问题或者探寻市场机会。在开展市场营销之前，如果管理者无法确定某个问题，往往会通过探索性调研对问题进行界定；在开展大规模调研之前，管理者会利用探索性调研对调研问卷进行精细化设计。具体来看，探索性调研最常用的方法包括小样本调查、专家咨询法、座谈会法、个人访谈等。

（2）描述性调研的目的在于对调研对象的特征、功能、属性等进行描述，包括调研对象的态度与行为、对企业的评价、竞争者的基本情况等。描述性调研往往会通过一系列问题对调研对象的行为及心理特征进行描述。为了保证调研效果，在开展描述性调研之前往往需要收集大量样本，要求调研人员对所研究的问题有比较深入的了解，对所需要的信息给出明确定义。描述性调研常用的方法有很多，具体包括二手资料法、问卷法、观察法等。

（3）因果性调研的目的在于通过对多种因素进行研究确定问题产生的原因。在因果性调研的过程中，调研人员需要重点考虑变量之间的关系。

◆选择调研方法

目前，市场调研常用的方法包括以下四种：

（1）文案调研法，是指利用企业内部和外部现有的信息和情报资料，对调查问题进行研究的调查方法，也称间接调查法、室内调查法、桌面调查法、二手资料法等。文案调研法的优缺点及适用范围如表1–1所示。

表 1–1　文案调研法的优缺点及适用范围

文案调研法	具体内容
优点	成本较低，资料比较容易找到，所需时间短，不受时空限制
缺点	（1）较多依赖历史资料，难以反映正在发生的新情况、新问题 （2）收集的资料与调查目的往往不能很好地吻合，数据对所要解决的问题不能完全适用 （3）难以把握所收集资料的准确性 （4）要求调查人员具有较广泛的理论知识、较深厚的专业知识和技能，否则将无法很好地把握和利用所收集的资料
适用范围	常规性的行业报告、帮助确定新产品的目标用户群、针对高端用户的奢侈品消费市场调查、大型实地调查之前的辅助调查

（2）访问法，是指通过询问（语言或文字交流）的方式向调查者了解有关情况的方法。常用的访问方法包括面谈调查、电话调查、邮寄调查和网络调查，其优缺点如表1–2所示。

表 1–2　访问调研的常用方法及优缺点

常用方法	优点	缺点
面谈调查	准确率高；成功率高；答案质量高	调查费用较高，现场访谈质量的监督和控制较难，对调查员的素质要求较高
电话调查	问题简单，容易回答；调查的地域范围广；调查费用少；被调查者没有现场心理压力，能轻松进行回答	需要掌握电话号码；拒访率较高；无法询问一些比较专业和复杂的问题
邮寄调查	调查的区域广；调查费用少；可以询问较为敏感和复杂的问题，问题数量可以多一点；答案不受调查人员态度和倾向性意见的影响	回收率低；回收问卷时间长；对答案的可靠性较难判断
网络调查	调查受时空限制少；便于快速收集资料；成本低；便于提供音像资料	样本的选择不易控制；较难吸引被调查者参与；难以判断信息的真实性

（3）观察法，是指调查者在调查现场对要调查的人或物用感官或仪器进行跟踪记录，以获取被观察对象信息资料的方法，观察的结果通常是客观真实的。观察法的优缺点及适用范围如表1–3所示。

表 1–3　观察法的优缺点及适用范围

观察法	具体内容
优点	（1）直观、真实性强 （2）没有回答偏差 （3）调查实施简单、容易操作
缺点	（1）无法观察行为的原因和所有内在因素 （2）调查的时间较长，成本高 （3）对调查人员的素质要求较高
适用范围	（1）商店顾客购物行为观察 （2）消费行为观察 （3）商店布局与陈列观察 （4）生产经营场所观察

（4）实验法，是指通过严格控制中间变量来研究营销自变量的变化对营销因变量的影响。实验法的优缺点及适用范围如表1–4所示。

表 1–4　实验法的优缺点及适用范围

实验法	具体内容
优点	（1）能够揭示市场变量之间的因果关系 （2）能够控制调查环境和调查过程，提高调查结果的精确度 （3）实验结果比较客观可靠
缺点	（1）市场中的不可控因素比较多，影响调查结果的准确性 （2）实验法的实施时间比较长 （3）调查的风险比较大，费用比较高
适用范围	（1）市场反应实验 （2）新产品投放实验 （3）市场饱和度实验 （4）广告效果实验 （5）市场营销组合实验

◆选择抽样方法并设定样本容量

（1）使用随机抽样进行调研，整体中每个单位被抽中的概率相同，可以采用的方法有四种，具体包括简单随机抽样、等距抽样、分层抽样、整群抽样。

- 简单随机抽样指的是以每个个体为单位，保证每个个体被抽中的概率相同。
- 等距抽样指的是按照某种顺序对个体进行排列，随机选中一个位置抽取样本，然后顺着某个方向间隔一定的距离连续抽取样本，直至结束。
- 分层抽样指的是基于某种特征对总体中的个体进行分类，保证每个类别中的个体差异不大，但类别之间的差异较大，然后从每一类中随机抽取若干个个体构成样本。
- 整群抽样指的是按照地域或其他特征对总体进行分类，将其划分成若干个内部差异较大但相互之间差异较小的群体，然后从每个群体中抽取若干个个体构成样本。

（2）使用非随机抽样进行调研，要按照某种设定或标准从总体中选择特定的个体，因为个体被选中的概率未知，所以不能用概率表示，可以采用的方法有四种，具体包括任意抽样、雪球抽样、判断抽样、配额抽样。

- 任意抽样：调研人员从总体中随机抽取一些个体作为样本。
- 雪球抽样：被选中的调研对象为能够回答调研问题的人员名单。
- 判断抽样：调研人员凭借自己对调研对象的了解，选择一些具有代表性的个体构成样本。
- 配额抽样：调研人员按照一定的标准确定样本个体数的配额，然后根据配额抽取一定数量的个体构成样本。

（3）设定样本容量。确定抽样方法之后，调研人员要确定样本容量。在这个过程中，调研人员可以使用的方法有五种，分别是教条式方法、约定式方法、成本基础法、统计分析法和置信区间法。

- 教条式方法：调研人员根据自身经验确定样本容量。
- 约定式方法：按照某种约定确定样本容量，约定一般是通过计算、商议形成的。

• 成本基础法：根据成本确定样本容量。

• 统计分析法：为了保证样本的可信度以及统计结果的正确性，确定最小的样本容量。

• 置信区间法：利用置信区间、抽样分布等方法确定样本容量。

实施阶段：调研数据采集与分析

◆数据采集

确定调研方案之后，接下来就要进行数据采集。一般来说，数据采集可以采取两种方式：一种是人员采集；另一种是机器记录。人员采集的方式有三种：一是调研人员通过线上、线下渠道对现有的资料进行收集、整理；二是通过与调研对象开展直接交流获取信息，包括面对面访问、发放调研问卷等；三是通过对调研对象进行观察收集相关资料。机器记录主要是通过数据扫描收集信息。一般来讲，数据采集可以划分为两个阶段：一是前侧阶段，指的是使用子样本对调研采集计划的合理性进行判断；二是主题调研阶段，大规模调研活动要在此阶段开始。

◆数据处理与分析

通过数据采集获取的数据信息往往比较分散，有些信息甚至存在错误。在这种情况下，为了让数据信息发挥出应有的作用，首先，要对采集到的信息进行处理，形成系统、规范、符合客观规律的资料。具体来看，数据处理往往需要经过四大步骤，如表1–5所示。

表1–5　数据处理的四大步骤

步骤	操作	具体内容
第一步	数据分类	按照数量、时间、地域、质量将数据分为不同的类型
第二步	编校	对数据的正确性进行验证，将存在错误、不符合实际的数据剔除

续表

步骤	操作	具体内容
第三步	数据编码及录入	为每一个问题及答案添加一个数值代码，将其录入计算机进行存储
第四步	编制图表	将每一种答案出现的次数记录下来，形成一个完整的数据库

其次，对数据进行处理，也就是利用统计分析技术对数据进行分析，对事物的总体特征进行推断，对事物的内部关系进行挖掘与阐述。数据分析常用的技术与方法有很多，具体包括描述统计、参数估计、相关和回归分析、多元统计分析。

- 描述统计：对收集到的数据资料进行概括，对事物发展的集中趋势与离散趋势进行解释说明。
- 参数估计：通过对样本信息进行处理获得总体参数的置信区间。
- 相关和回归分析：对两个及两个以上变量之间的关系进行研究。
- 多元统计分析：对多个变量进行分析。

结论阶段：调研报告与跟踪反馈

◆撰写调研报告

调研活动结束后，调研人员要对调研过程、调研结果进行汇总并形成书面报告，提出结论性意见或建议，这就是所谓的调研报告。一般来说，调研报告可以分为三种类型，分别是数据型报告、分析型报告、咨询型报告。其中，数据型报告主要提供调查所得数据；分析型报告不仅提供数据，还负责对数据进行分析；咨询型报告不仅提供数据及数据分析结果，还提供咨询方案。至于撰写哪种形式的调研报告，调研人员要根据调研目的来确定。

◆跟踪反馈

撰写调研报告不代表调研工作结束，为了更好地履行调研工作的职责，调研人员要持续关注调研对象，进行跟踪调查，做到动态反馈，为企业营销决策、营销战略的执行提供更科学、更全面的信息。具体来看，跟踪反馈要做到以下三点：第一，对调研方案的实际性、可行性进行判断；第二，总结经验与教训，将成功的经验积累下来；第三，对尚未解决的问题进行总结。

随着计算机技术不断发展，互联网实现普及应用，企业的市场调研活动将打破传统的地域限制，逐渐迁移到互联网。使用互联网开展市场调研具有以下四大优点：

- 互联网可以作为二手数据的来源，调研人员想要了解某公司的信息，可以直接登录该公司的官方网站，或者进入公司贴吧，关注公司的微博、微信公众号等；想要了解行业的发展形势，可以登录国家或者省市统计局的官方网站，或者在搜索引擎上输入关键词进行搜索。
- 互联网可以提供观察性数据。网站上的内容、资料多种多样，调研人员可以通过统计这些内容或资料的下载次数，掌握消费者的偏好。
- 互联网可以用于开展调研活动。互联网调研的发起者往往是公司，最常用的方式是在公司网站发放调查问卷，邀请访问公司网站的用户回答一些问题，包括对产品的满意度、产品偏好等。
- 互联网可以作为建议来源。调研人员可以将希望获得答案的问题张贴到新闻组或邮件列表上，等待用户回复。

第2章
需求洞察：引导与创造消费者需求

需求定位：精准锁定目标消费群

市场营销必须以准确的目标消费群体定位、清晰的消费场景、准确的获客为基础构建起来，如果定位不精准、获客不准确，营销体系就无法构建。在当前的市场环境下，企业要想开展市场营销必须率先解决以下几大问题：目标消费群体是谁、如何获取目标消费群体、如何与目标消费群体建立连接、如何对目标消费群体产生影响、如何高效地触及目标消费群体。

马斯洛需求层次理论指出，当人们满足基本的物质性、生理性需求后，就会追求更高层次的心理与情感性的价值，如尊重、社交互动、自我实现等。从体验营销的角度来看，企业应通过研究分析消费者需求实现精准的客户定位，进而从客户需求出发制定最佳的体验营销活动方案，为顾客创造良好的价值体验。

例如，对于购买高档住宅的客户来说，他们追求的内容已经超越了单纯的居住需求，更多的是希望获得一种心理和情感上的满足，将房产视为自我实现等价值的载体。因此，在面向这类人群进行房产推销时，除基本的价格因素外，企业更应做的是通过环境、布局、居住人群等的设计，搭建一种美好的未来家居生活场景，形成与客户心理情感的共鸣，从而获得客户认同与青睐，实现销售目标。

同样，汽车也早已超越了代步工具的简单意义，成为一种移动生活空间和品质生活的象征，从而为人们创造了远超汽车产品本身的更多的精神享受与价值体验。因此，体验营销对汽车销售来说意义重大，企业应突破汽车产品本身的范畴，以汽车和相关服务为载体为客户创造一种美好的移动生活体验场景，深度激发客户的心理情感共鸣，不仅要实现汽车销售目标，更要将客户培育成产品和品牌的忠诚粉丝。

在体验经济时代，优质体验已成为商品或服务吸引和留住消费者的重要“法宝”。如果商品或服务能为消费者创造美好体验，让消费者觉得非常有价值，消费者就不会在价格方面“斤斤计较”，购买商品或服务的可能性会无限增加，甚至会成为品牌粉丝。因此，商家在经营活动中要注重对消费者需求、行为、特质等多方面信息的采集整理和研究分析，实现客户精准定位，有针对性地为客户提供优质体验。

在目前的市场环境下，顾客需求表现出了极大的差异，如消费能力不同、消费诉求不同等。在此环境下，企业必须立足于满足不同顾客的体验需求，将其与自身的经营能力相结合，对不同消费时期、不同消费能力的目标消费群体进行精准定位。只有这样，企业才能有针对性地打造商品与服务，吸引目标消费群体购买，充分地满足其需求。

从零售业发展趋势来看，根据满足顾客体验需求的原则，零售营销必须建立在精准的目标消费群体定位和消费场景定位的基础之上。

戳中痛点：紧抓消费者需求痛点

市场痛点在各行业中普遍存在，然而很多行业却没有解决痛点的产品及服务。造成这种情况的因素有很多，包括用户习惯，技术阻碍，企业要保持现有的盈利水平、维护市场稳定，等等。

在痛点营销时代，对那些阻碍用户做出某种行为或决策的痛点进行精准定位，设计与之相匹配的营销方案，是企业提高产品销量、做好品牌建设的关键所在。在寻找痛点的过程中，对消费者体验产品或服务的思考可以分几个阶段进行，企业要思考哪些阶段会对他们的行动产生阻碍。

以品牌林立的国内手机市场为例，此前“渠道为王”是国内手机市场的典型特征，手机品牌商为了销售产品，必须给渠道商提供大量的利润回报，鼓励渠道商在全国广泛铺货，让消费者产生需求之后可以前往附近的线下门店体验并购买。

对于千元左右的智能手机，消费者最难以承受的痛点出现在什么阶段呢？通过实际体验很容易找到答案，那就是使用阶段。由于品牌商压缩成本，千元智能手机的性能普遍较差，给消费体验带来了较大的负面影响。

例如小米手机，它的崛起很大程度上就是针对这一痛点，对当时的手机性能进行全面优化，而不是像绝大多数手机品牌商一般，将时间与精力放在如何拓展更多渠道方面。

再如美图秀秀，在传统互联网时代，市场上存在很多用来处理图片的实用工具，Photoshop便是其中的典型代表。虽然Photoshop在图像处理方面具有明显的性能优势，然而普通用户在处理图片时，很多功能都不会用到，而且使用体验较差，没有学习过专业知识的普通用户很难熟练运用。美图秀秀就针对Photoshop使用不便这一痛点对相关功能进行了优化，再加上智能手机以及移动互联网的快速推广普及，实现了快速崛起。

由此可见，对于初创企业、初创品牌来说，寻找消费者痛点是其快速崛起的关键。企业寻找消费者痛点的三大方法如图2–1所示。

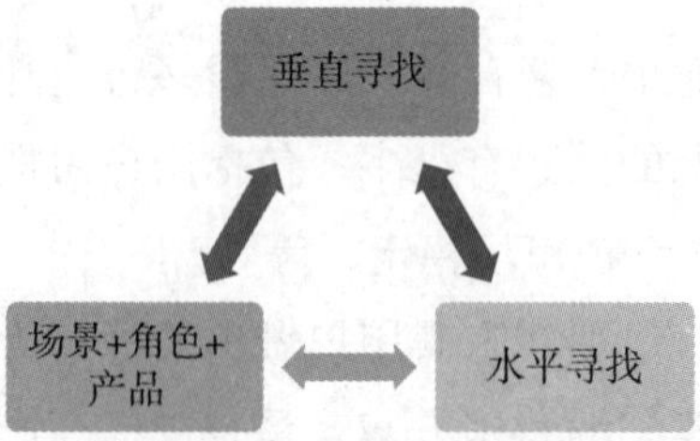

图 2–1　企业寻找消费者痛点的三大方法

（1）垂直寻找。在相同的场景中，垂直寻找给用户带来负面体验的痛点。市场中的App应用能够获得成功，必然是解决了某种痛点，此时，企业可以通过对目标群体的差异化定位来寻找新的痛点，如已经成功的App虽然解决了大众群体的痛点，但却忽略了细分群体的痛点，企业就可以针对这一痛点开发产品及服务。

> 儿童和老年人就是一个可以深入挖掘需求痛点的群体，以老年人群体为例，由于消费习惯、需求特性、消费价值观等因素的差异，老年人群体对产品及服务的需求和年轻群体存在较大差异，很多品牌选择迎合年轻消费群体的需求，不会针对老年人的痛点开发产品与服务。
>
> 目前，很多国外创业公司推出了专门服务老年人群体的App应用，如提醒老年人按时运动、喝水、吃药的App，部分App还能在老年人遇到突发心脏病等紧急状况时发出求救信息。

当然，为了能够快速赢得用户认可，面向小众群体的产品及服务需要强化自身的核心功能，让目标群体在某方面的需求能够最大程度地得到满足，抢占用户心智，促使用户主动进行营销推广。

（2）水平寻找。水平寻找的逻辑是从竞争对手尚未关注的领域寻找痛点。例如，小米手机在其他手机品牌商关注购买阶段时，将精力放在手机使用阶段。在汽车领域，车主普遍会经历购买、使用、维修及转售几个阶段。最初欧洲绝大部分的汽车品牌商都将精力放在使用阶段，大众甲壳虫则通过经济耐用性、便于维修等优势，解决了用户购买阶段及维修阶段的痛点，快速成为欧洲最畅销的车种，不久后又占领了美国市场。

（3）场景+角色+产品。这是产品痛点获取公式。人们的消费需求不断变化，痛点也会随之发生改变。当一个痛点被解决后，人们又会渴望获得新的产品或服务来满足自己更多方面的需求，从而催生出新的痛点。因此，为了解决层出不穷的痛点，企业需要不断地对产品进行更新迭代。

在用户主导的新消费时代，用户群体分析变得尤为关键，而在对用户群体进行分析的过程中，了解其使用场景无疑是一个重要环节，通过对使用场景进行分析可以精准定位用户痛点。

一个场景可能会涉及多个角色，如服务人员、消费者、平台方、供应商等，不同的角色关注的事物不同，会产生不同的痛点，而企业推出的产品很难让所有痛点同时得到解决，所以，在进行产品设计时，需要重点考虑用户在场景中扮演的角色特性。

很多时候，品牌营销人员想要让消费者选择自己的产品或服务，需要改变人们的某种习惯，如戒烟产品是要改变人们抽烟的习惯等。众所周知，改变习惯是一件非常困难的事情，为了改变抽烟习惯，需要对人们抽烟的整个过程进行分析，通过对某个或多个环节的控制来施加影响。

用户画像：基于大数据精准洞察

大数据精准营销是当前营销领域关注的一个热点话题，不过想要开展大数据精准营销，必须准确绘制目标群体用户画像。如果用户画像不精准，即便投入再多资源也很难达到预期效果。

从本质上看，用户画像可以被看作一种标签化的用户模型，它反映出了用户的基本特征、兴趣爱好、社会特性、消费习惯等，其涵盖的内容如表2–1所示。

表 2–1　用户画像涵盖的五大内容

指标	具体内容
基本特征	性别、年龄、职业、受教育程度、收入水平等
兴趣爱好	喜欢阅读什么类型的内容，热衷购买何种类型的产品及品牌等
社会特征	婚姻状况、社交圈、家庭构成、生活习惯等
消费特征	购买渠道偏好、购买频率、购买力等
动态特征	所处场景、地理位置、周边环境、当前时间等

为了描绘出更精准的用户画像，企业可以按照三个步骤进行，如图2–2所示。

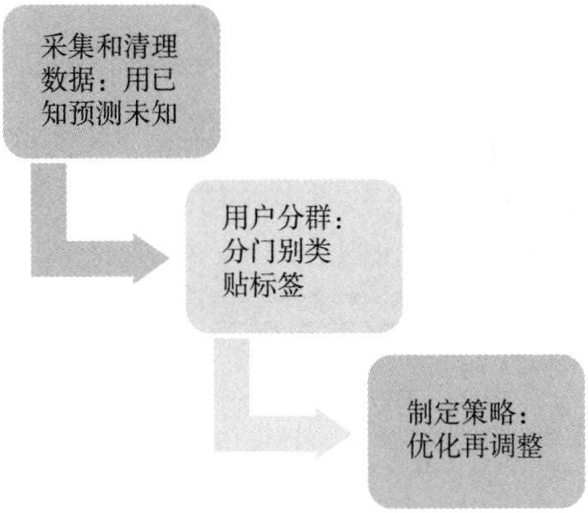

图 2-2 企业绘制用户画像的三大步骤

◆采集和清理数据：用已知预测未知

首先需要有多元化的渠道获取用户数据，保障数据的全面性。目前，企业获取数据的主流渠道包括社交媒体、电商平台、搜索引擎、企业官网及App等，其中通过企业官网和App获取数据尤为关键。

当用户登录企业官网后，Cookie会被记录在浏览器历史记录中，用户点击的按钮、浏览的页面、评论内容、访问路径等都可以被企业获取。企业通过对这些数据进行分析，可以找到用户的兴趣爱好。微信、微博等社交媒体也是企业获取用户数据的有效渠道，很多人会在这类社交媒体中分享购物、旅游、餐饮等多种信息，相对比较真实地反映出自身的生活状态、兴趣爱好等。

通过对多元化的数据进行深入分析，不仅可以帮助运营人员更好地维护用户关系，还能找到用户的潜在消费需求，指导研发部门开发更多的新产品及服务。

◆用户分群：分门别类贴标签

描述分析是一种应用较为广泛的分析统计方式，主要由数据描述和指标统计两部分组成。

• 数据描述。通过数据总量、来源、获取时间等描述数据的基本情况。

• 指标统计。通过数学模型对关键指标进行统计与分析，主要模型包括客户倾向性模型、响应率分析模型等数据挖掘模型。

对数据进行分析时，通过将数据转换为影响指数，实现高效精准的定制营销。例如，一个90后用户通常在下午4点在盒马鲜生App下单买菜，晚上6点半回家做饭，周末通过神州租车和家人、朋友自驾游。对该用户进行分析并将数据转换为影响指数后，就可以针对“90后”“下午4点”“生鲜”“自驾游”等个性化标签推送定制内容。

◆制定策略：优化再调整

根据用户画像，企业可以更好地和顾客沟通交流，引导用户通过朋友圈对企业产品及品牌进行传播推广等。例如，在上面提到的90后案例中，营销人员可以将产品及品牌植入介绍生鲜产品的文章中，并提供将文章转发朋友圈赠送神州租车代金券的奖励等。

针对不同特性的用户群体，企业必须采用差异化的推广策略，并对实施效果进行实时监测，分析策略实施后相关指标的变化。如果实施效果良好，就可以考虑如何达成更高的转化；如果效果不佳，就要及时进行优化调整。

需要指出的是，数据分析和数据挖掘存在一定的差异，前者的关键点是掌握数据的波动情况及背后的原因；后者的关键点是通过数学模型来研究数据，寻找数据背后的联系与规律，让企业对产品及服务进行优化完善，改造业务流程等。

目前，市面上主流的数据分析与挖掘软件主要有SAS、WEKA、R、Python，前两种成本相对较高，而且在做页面和服务级API方面难度较高，后两种都提供了强大而丰富的类库，能够和主流API及程序实现无缝对接，非常适合中小企业使用。

第3章
占领心智：打造产品的自传播效应

产品定位：深度契合消费者需求

市场营销是以顾客为中心、从顾客需求出发的营销活动，因此企业必须从产品研发设计阶段就充分考虑顾客多层次的心理情感诉求，在产品设计中融入更多心理情感因素，让产品特质与目标消费者的心理需求相契合。

也就是说，企业在进行产品研发设计时，不能再像以往那样只是考虑产品本身的质量性能，也要积极从消费者需求出发，在产品中融入品位、形象、情调、文化等更多元素，精心塑造符合顾客心理情感需求的产品特质，只有这样才能激发顾客的价值共鸣，获得顾客的认同、信任与忠诚，发挥出体验营销的作用。

对于任何营销活动来说，产品都是最根本的支撑，也是顾客在做出消费选择和决策时首先关注的内容。因此，商家只有为消费者提供数量众多的、优质优价的产品，满足不同层次消费者多元化、个性化需求，才能成功吸引和留住消费者。

此外，随着数字化网络技术实现普及应用，越来越多的企业尝试使用免费模式来做营销。这种商业模式的应用范围将在后续发展过程中不断拓宽，并成为当下企业体现自身竞争优势的有效方式。在现阶段，仍有很多企业因为缺乏足够的资源支撑而无法实施免费的体验营销。事实上，免费营销不是近几年才出现的，很多行业都采用过类似的模式。

通常情况下，经营者会在消费者最在意的服务项目上实施免费策略，转而从其他项目获取利润。举例来说，很多大型公园免费开放，但其中的很多游乐项目，如过山车、摩天轮等都要收费体验，这种经营模式会吸引很多人到公园中消费。

贪图便宜是一种常见的心理现象，部分体验者在免费参与某项目后会认可企业的经营，并转而开始付费。因此，很多食品类企业推出试吃项目，目的是将参与体验的用户转化为自己的消费者。在这个过程中，企业会从消费者的角度出发进行思考，为消费者带来真正的价值。

企业在营销过程中要灵活采用各类经营模式，通过控制自身成本最终让利消费者，并为其提供多元化的选择。

企业经营的产品可分为两种：低端产品与高端产品。低端产品主要关注销量，为此，企业需尽量压低产品价格，吸引更多消费者。但在传统模式下，那些以低端产品为主的企业，产品结构比较单一，如果一味地压低价格，自身的利润空间就会变得狭窄，从而陷入发展困境。

如果企业只专注于高端产品的经营，就会限制消费者的消费门槛。针对上述问题，企业需要对产品结构进行调整，为其免费体验模式的实施奠定基础。在这方面做得比较成功的是腾讯，腾讯通过社交平台聚集了海量用户资源，据此推出诸多增值服务，引导消费者付费获取。其服务项目根据消费者的能力进行了层级划分，能够为消费者提供多元化的选择。腾讯正是因为从用户角度出发开展产品运营，才积累了大规模的用户基础。

此外，企业在进行产品定位时，需要根据不同的产品制定有针对性的定位策略，如图3–1所示。

◆全新型产品的上市

对于一款刚上市的全新型产品，由于目标群体对其缺乏足够的认识，没有体验过类似的产品，出于对未知的恐惧，很多人可能不会主动购买，而是选择观望，待其他人实验过后，再决定是否购买。此时，企业为了缩短用户培育期，快速为新品打开市场，及时推出体验营销活动，让目标群体实际感受、体验产品，从而消除其疑惑与担忧，就显得尤为关键。

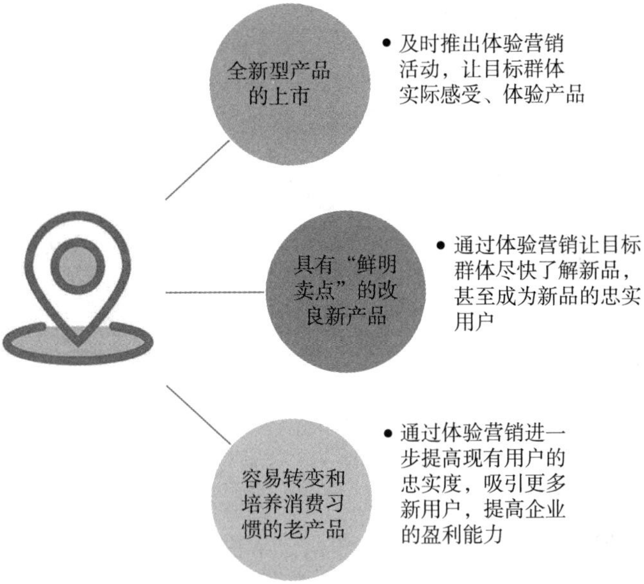

图 3–1　三种不同定位产品的定位策略

免费试吃、试用等体验活动对用户颇具吸引力，如果能够邀请那些在目标群体心中具有较强影响力的意见领袖体验，并让其在社交媒体中发布试用体验，往往能产生极好的营销效果。

◆具有“鲜明卖点”的改良新产品

市场中绝大部分新产品是对原有产品优化改良的结果，而不是完全的创新，如增加了某种新功能等。虽然原有产品已经有了一定的用户基础，但为了在较短时间内提高产品销量，防范竞争对手的同质化竞争，也应该通过体验营销让目标群体尽快了解新品，甚至成为新品的忠实用户。

◆容易转变和培养消费习惯的老产品

当然，市场中还存在一些具备较高知名度的老产品，但其用户群体相对固定，如果没有有效的营销手段，则很难进一步扩大用户规模。而体验营销凭借其参与感、互动性，可以进一步提高现有用户的忠实度，吸引更多新用户，提高企业的盈利能力。

产品包装：从感官到情感的信赖

消费者决策的制定受到很多因素的影响，根据杜邦定律，对63%的消费者而言，商品包装在很大程度上决定其最终的选择。因此，企业不仅要关注产品、服务，还要提高对商品包装的重视程度。作为一种形式产品，良好的包装能够激发消费者的购买欲望，促使其做出消费决策。

产品的包装设计，对于增强消费者情感体验具有非常重要的作用。例如，在产品包装上灵活运用色彩，可以彰显产品的情感魅力。相机品牌商尼康在其产品中普遍应用的金黑色，能够让人产生稳重、可靠、高档的心理感受；柯达相机的红色代表了热烈、黄色代表了辉煌；美能达的蓝白则代表了精密、高档等。

通常情况下，消费者的产品体验由以下四个方面构成（见图3-2）：

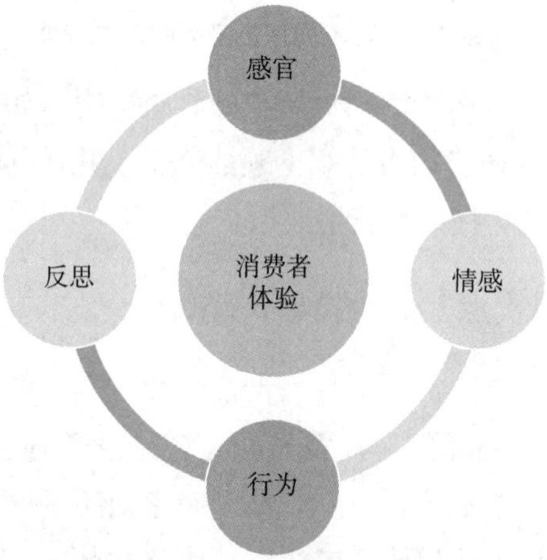

图 3-2　消费者体验的四大组成

（1）感官。消费者在进行商品选择时，利用自身的外部感觉器官，包括眼、耳、舌、鼻等来收集商品的相关信息，然后在大脑中建立起对商品属性的认知。为了给消费者的信息获取提供便利，企业应该在商品包装上显示其相关信息，具体如商品的颜色、形状、构成等，带给消费者良好的视觉体验，刺激其消费欲望，让消费者认为该商品是专门为自己设计的。

（2）情感。利用外部的感觉器官建立起初步认知后，消费者会对商品产生一定的主观情感体验，在这个过程中会伴随着某种心理活动，消费者会对商品形成怎样的主观态度便取决于此。形成主观认知之后，消费者就会根据自己的态度制定最终的消费决策。正面的情感体验能够激发消费者的购买欲望，促使其做出消费决策；负面的情感体验则会降低消费者的购买欲望。所以，企业应注重产品包装，使其符合消费者的审美，并且具有一定的特色，让消费者相信产品拥有足够的质量保证，从而产生正面的情感体验。

（3）行为。在购买商品的过程中，消费者会根据自己的意志进行选择，进而做出消费行为。在建立起感官认知、产生情感体验，并从商品包装上了解到商品的相关信息后，消费者会对产品形成总体的印象，并根据自身的需求情况采取行动。在这个过程中，商品的推广信息、自身的感受、他人的消费评价、权威机构的检验结果等都会对消费者的最终行为产生影响。

（4）反思。经历过前三个步骤后，消费者就完成了商品购买。接下来，消费者会在打开包装、消费产品的过程中进行反思，这个过程涉及一系列的问题，如消费者能否顺利打开包装、消费者会在这个过程中产生怎样的情感反应、其打开方式是怎样的、打开包装后能否直接看到产品、产品质量能否满足其期待。

成功的包装设计具有如下特点：能够作用于消费者的感官，促使其进行商品购买；通过情感引导，使消费者认可产品；使消费者产生积极的情绪，对其行为进行引导；在消费者打开包装前、打开过程及打开之后发挥正面的影响；作用于消费者的反思过程，使其成为该品牌的忠实用户。

要想让产品在顾客心中留下深刻印象，必须让顾客获得清晰明确的感受，将产品及品牌的特性、价值，以及传递的文化内涵、价值主张等充分表达给消费者。这样才能让消费者结合自身的经历、体验及情感，通过联想形成对产品及品牌的整体认识，进而产生认同感与归属感。

可口可乐旗下的雪碧的产品包装经历了一系列调整，在1993年开始广泛采用经典的“水纹”视觉标识。2000年时，水纹的颜色开始采用纯绿色。而2003年可口可乐又对其进行了调整，水纹被更换为“Sprite”的首字母“S”，经过调整后，雪碧的产品包装更时尚、清爽、醒目。

“老板”牌抽油烟机能够赢得高端群体青睐，不仅是因为其优异的性能，其寓意身份与地位的品牌名“老板”一词，也能满足用户的心理需求。雅霜、永芳等化妆品品牌遵循的也是这种逻辑。

在体验经济崛起的当下，在确保产品品质的基础上，为消费者创造更多的情感体验将会成为企业赢得消费者信任的关键所在。想要在产品功能、设计、外观、材料等方面实现差异化已经越发困难，而情感体验很难被竞争对手轻易模仿，能够让企业在相当长的一段时间内保持较强的竞争力。

产品设计：满足顾客个性化需求

在消费持续升级的背景下，人们对产品的要求越来越高。当产品某个细节出现问题时，会导致目标群体在购买及使用过程中对企业产生负面印象，从而给企业产品销量及品牌建设带来巨大阻碍。

例如，一个水杯上的图案模糊，会让消费者认为这是劣质产品，审美体验无法得到满足。而如果将水杯图案刻画得生动、形象，在细节上精益求精，让人产生工艺品的感觉，在有实用价值的同时，还具有观赏价值，这种情况下，水杯必然会产生更高的产品溢价。

> 目前，很多汽车巨头已经开始尝试让顾客在驾驶场景中获得更多的体验，例如，为用户开发能够记忆驾驶人个性化设置（镜子角度、座椅位置、播放何种风格的音乐等）的汽车，当用户点击按钮时，可以一键设置自己喜欢的状态，从而获得更为极致的体验。从产品方面附加体验，也是让自身产品从诸多同质化产品中脱颖而出的关键所在，能够让企业开展差异化竞争，提升自身的盈利能力。

在互联网商业时代，人们已经不再满足于标准化、同质性的产品消费，而是青睐于能够彰显自我价值的多元化、个性化的产品，使得“个性化”营销逐渐走入人们的视线。不过，虽然企业大都认同个性化营销的价值，甚至将其视为未来的主流营销形态，但不论是在对“个性化”营销的认知理解上还是在具体应用上，少有企业能够深刻把握到个性化营销的精髓。

以人们比较熟知的戴尔和海尔为例。戴尔电脑的“量身定做”和海尔“你来设计、我来实现”的销售模式，都是两者积极布局“个性化”营销的具体举措，但两者所谓的“定做”“个性化”其实只是在产品设计方面为顾客提供有限的自主选择，更多的是一种吸引顾客的概念噱头，并不是真正的“个性化”营销，或者并不是“个性化”的全部。

产品的个性化主要是通过产品的结构设计、外观设计、形象概念包装、功能实效性设计、价格定位等，最大程度满足顾客在功能层面和心理层面的诉求。不过，当前大部分产品的个性化也并非真正与每位顾客“一对一”，只是通过多种手段尽可能满足顾客的个性化要求。

例如，服装的个性化，在尺寸方面可以做到量体裁衣，但在花色、布料等方面却不可能完全符合每一位顾客的要求；冰箱、电视等家电产品更是难以完全按照消费者的个性化要求去设计制造，多数情况下只是让顾客在有限的模块中（如颜色）进行自主选择或组合。

产品的个性化主要通过两种策略满足特定消费群体的个性化需求：一种产品的多种个性化设计和多种产品的个性化组合设计。

例如，除补钙外，针对老年人群体的补钙产品主要作用是增加延缓衰老因子，针对孩童的补钙产品则是补锌促进智力发育。又如，保健公司推出的“立体健康套餐”，则是通过“内调外养”的产品组合满足中老年人的健康需求——内服保健食品调节血糖、血脂，外用远红外产品改善微循环。

此外，价格定位也是产品个性化的重要内容，既要根据不同顾客群体的消费水平制定“个性价格”，也应特别注意把握同种产品价格差异化的“度”，让不同消费层次的顾客都能感到“物有所值”。例如，同一款产品的实用装120元，尊贵装却是320元，价格差异化过大，很容易对高层次消费群体的消费心态产生负面影响，甚至会失去这一细分市场。

在供给远大于需求的情况下，交易主导权被买方掌握，所以迎合用户需求成为企业提高产品销量的关键。而目前人们的消费需求越发个性化、差异化，给企业生产产品、制定营销方案等带来了一系列挑战。

移动互联网崛起为企业和消费者搭建了无缝对接的沟通渠道，消费者可以直接向商家提供反馈意见，甚至让商家根据自身的个性化需求定制生产。小米手机系统能够不断更新迭代，就是开发人员和用户实时互动，搜集大量用户意见的结果。

能够将自身的个性充分表达出来的定制商品受到了越来越多消费者的认可与青睐。美国汽车巨头通用汽车为顾客提供了汽车定制服务，后者可以在服务网点利用计算机选择符合自己个性化需求的颜色、内饰、发动机等，专业人员会在一旁提供指导，订单将被直接提供给工厂，并在约定期限内及时交付。

定制产品能够让用户获得更多的体验感与参与感，有利于提高客户满意度，并促使客户在社交媒体中主动进行传播推广。企业能够从顾客提供的反馈建议中获得创意与灵感，帮助开发人员创造出更具竞争力的产品及服务。

产品定价：引导顾客的购买决策

在体验营销的过程中，消费者在购买商品时表现出来的倾向是等价交换。所以，在体验营销中，企业应该根据其具体特点制定出有效的价格。具体来看，企业可采用的定价策略如图3-3所示。

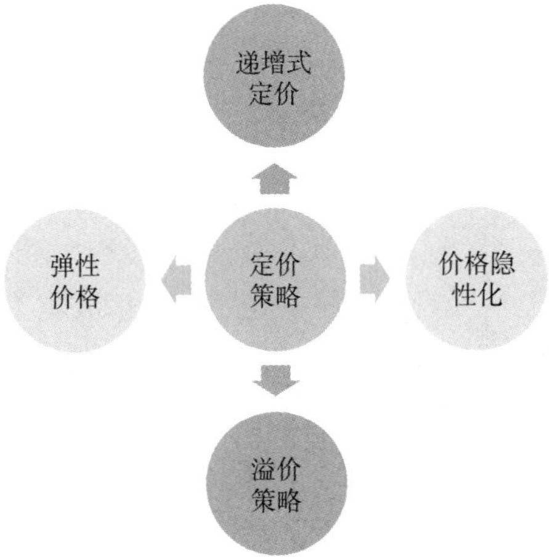

图 3-3　企业可以采用的定价策略

◆递增式定价策略

为了促进更多体验产品的销售，实现更多的利润，在开展体验营销时，营销者可以采用递增式的定价策略：即进入体验的第一个阶段价格稍低，随着消费体验的深入和对价格的淡化，将下一体验阶段的价格定得稍高一点。

例如，一个游乐场可以将门票价格定得很低甚至免票进入，然后将基础娱乐项目价格定得较低，随着消费者被各种娱乐项目刺激产生极高的玩乐兴致，追求刺激的欲望会越来越强。此时，消费者几乎不会关注价格，价格稍高一点也不会产生太大的影响，因为消费者认为体验的乐趣与付出的成本相一致。

◆价格隐性化策略

价格隐性化策略指的是在开展体验营销时突出价值而淡化价格。无论是购买实体产品还是体验某次活动，在体验营销中彻底放松心情是最重要的，价格不再是消费者是否购买的可视性障碍。当消费者对产品毫无兴趣时，无论价格多低，也不会产生购买冲动。也就是说，体验营销注重的是消费引导而不是价格吸引，因此以价值代替价格是一种非常有效的措施。

在体验营销活动中，价格对消费者的影响作用已退居次要地位，因此让价格隐性化，既可以突出消费者所追求的价值，又可以消除消费者在刚进入购买阶段时的紧张感，尽可能快地引导其进入购买状态。

◆溢价策略

在体验营销中，消费者对价格的认定并不以成本为依据，他会根据自身对产品价值的理解程度进行衡量，而且其心理理解的价格往往会超过产品自身的价值。体验营销使“顾客同时受感情和理性的支配，也就是说，顾客因理智和一时冲动而做出选择的概率是同等的”。在体验营销定价时，如果按照传统方式根据其成本核定价格，肯定是既无吸引力，也无法有效实现企业的利润目标。

根据有关报道，某专家做过一个实验：在一个既没有价格标签也没有收款员或收银台的茶座，顾客享受完了之后完全根据自身的感觉付款，顾客离开后才由侍应生收钱。结果发现，虽然也有极个别的顾客不放钱或放很少钱的现象发生，但绝大部分顾客所理解的价格平均比茶座自己制定的价格高3%左右。这个实验证明：在体验营销中，溢价策略通常是非常有效的。

◆弹性价格策略

在传统的经济活动中利用弹性价格进行价格战是经常使用的策略，这一策略在体验营销中同样适用。在体验营销过程中，消费者心情是一个很重要的因素。消费者对价格的认定会随心情的变化而变化，情绪高昂时，对价格认定值较高；情绪低落时，体验自然也就贬值了。同时，消费者的体验时间不同，对价格的接受程度也会有所不同。

因此，为了能让价格作用发挥到极致，保持体验产品价格的动态性，使体验产品价格富有伸缩性是一种有效的做法。实际上，在很多体验产品中，弹性价格策略常常被用到，并与组合价格策略进行有效搭配运用。

例如，一些高档酒店，会根据入住季节的不同推出不同的价格，同时配套系列组合式休闲体验，如品茶、唱歌、喝咖啡、按摩等。一些体验性强的项目，营销者会根据消费者情绪变化分别报出不同的价格供其选择。

体验营销既是营销重点的转移，又是营销视角的转换，既是一种营销策略，又是一种全新的营销方式。体验营销实质上是服务营销的最高层次。在体验营销中，只有高度关注服务和站在顾客角度把握好细节，才能够使体验营销中的价格策略得到有效运用。毫无疑问，随着体验营销的推广，会有更多的价格策略出现并得到运用，帮助企业获得更多利润。

【案例】无印良品：将产品赋予“禅的美学”

无印良品以“极简主义”的美学设计在世界各地吸引了一批追随者。就中国市场而言，虽然无印良品的产品并不便宜，但依然聚合了一大批品牌的拥趸者。下面对无印良品的设计美学进行具体分析，为其他品牌寻找消费者的兴奋点提供借鉴和启发。具体来看，无印良品的设计美学大致体现在以下几个方面（见图3-4）：

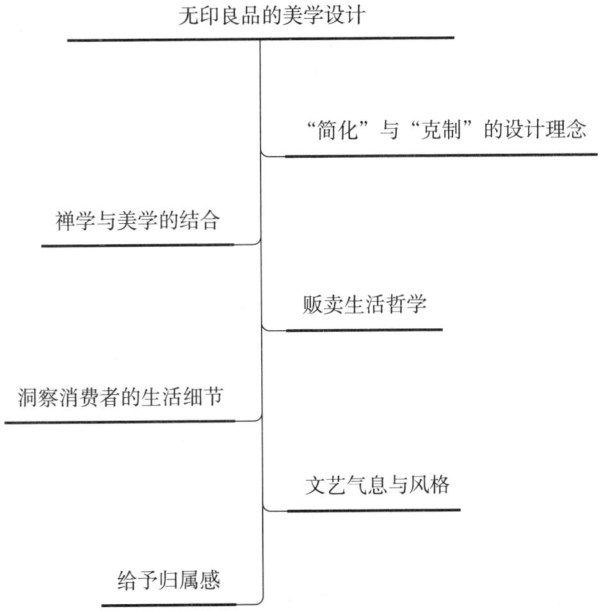

图 3-4　无印良品的美学设计

◆"简化"与"克制"的设计理念

无印良品设计师原研哉的设计理念是"空"（Emptiness），因此极简就成了无印良品的一个最大特点。在其推出的几千件产品中，从设计到海报宣传都没有多少语言，充分体现了淳朴、简洁、环保、以人为本的产品理念。

"简化"看起来要比"复杂"容易，但当很多品牌在面对消费者的多元化诉求时，却常常难以"克制"——总是试图为顾客提供更多内容，反而不容易做到真正的"简"。然而，在信息高度丰富的现代商业市场上，很多时候"此时无声胜有声"其实更容易打动消费者，这种极简设计和美学境界也是无印良品能够在市场中收获大量粉丝的关键。

因此，对品牌而言，以"简"与"减"的理念进行产品开发和品牌营销，不失为激发消费者兴奋点的有效方式。

◆禅学与美学的结合

作为一代设计大师，无印良品艺术总监原研哉追求的是"日常化""虚空""白""万物有灵"的设计理念，这使无印良品的产品中融入了浓厚的禅意美感，被认为是日本乃至世界上最能代表"禅的美学"的设计。这种禅意的美感也让无印良品超越了单纯的商业品牌范畴，上升到文化层面，类似于中国文化中推崇的"大音希声，大象无形"的哲学境界，特别能够打动中国消费者。

无印良品产品设计中的禅意美学和文化审美表明，真正成功的产品应该超越产品本身的功能属性，融入文化审美、生活哲学，不仅要满足人们基本的产品需求，还要通过极具张力的设计语言向消费者传达某种文化内容。

◆贩卖生活哲学

无印良品不仅是一个品牌，也是"生活形态提案店"（Life Style Store），倡导简约、自然、富质感的现代生活哲学，直抵生活本质，拒绝品牌崇拜。因此，无印良品的产品设计常常能够满足消费者没有说出来的

“潜在诉求”，甚至让消费者产生一种“相见恨晚”的感觉，以此激发消费者的兴奋点，让人们愿意主动为产品和设计付费。

一个能够打动消费者甚至引发消费者共鸣的产品，一定有着超越产品物质范畴的更高层次的内容。无印良品，与其说是一个品牌，不如说是一种生活哲学和生活态度。原研哉指出，欲望是设计和创意的起点与归宿，当一个产品是为了满足人们的某种期望而被开发设计出来时，那么这个产品也自然融入了期望背后的深层价值，而这也是产品最能影响消费者精神和灵魂的地方。因此，“制造欲望”应成为一切品牌思考的核心内容。

◆洞察消费者的生活细节

无印良品十分注重从消费者的角度出发开发设计产品，以便能够真正为消费者带来更便利、更有味道的生活。无印良品甚至会派遣设计人员直接登门拜访，通过观察消费者的日常生活细节发现需求痛点，寻找设计灵感。

例如，有设计人员发现很多人睡前阅读后的动作是摘掉眼镜、关闭床头灯，第二天早晨醒后的第一个动作是摸索着寻找眼镜。为此，无印良品专门设计了一款底座往中央凹陷的床头灯，让人们可以将眼镜直接靠在灯杆上，方便拿取。

真正能够打动消费者、让消费者兴奋的产品，其设计创意和创新的灵感必然源于消费者的日常生活细节，是能够解决消费者生活场景痛点的产品，而不是工业化思维和品牌的“自以为是”，不是品牌将自己的设计理念强加给消费者。

原研哉指出，无印良品成功的产品设计源于“在我们的工作中，资本主义的逻辑被人性的逻辑微微超越”。不过，对大多数品牌来说，想要消除与消费者的距离感，真正从人们日常生活细节中寻找创意和设计灵感，让产品更具人性，绝非易事。

◆文艺气息与风格

无印良品的产品并不便宜，甚至比其他商家的产品价格更高。但是，

“便宜”很多时候都是消费者的一种主观感受，当人们觉得产品优质甚至超出了预期时，价格便不再是核心。因此，无印良品秉持“合理就便宜”的理念，将生活中常见的物品改良成具有文艺气息和独特风格的优质产品，从而获得了巨大的溢价空间，并赢得了众多具有文艺特质的消费者的青睐。

在消费需求逐渐多元化、个性化的今天，任何品牌都不可能获得所有消费者的认可。这就需要品牌进行族群化打造，即通过构建品牌的独特风格明确目标族群，让族群中的消费者获得身份认同和归属，进而提高对品牌的忠诚度。

◆给予归属感

无印良品的拥趸者常常沉浸于该品牌构建的世界中，不再关注其他流行元素。因此，无印良品不会跟风不断变化的时尚潮流，而是坚持自己的语言和风格，让消费者在无印良品的世界中获得一种身份认同，产生这是“我们的品牌”的归属感。

品牌只有与消费者的日常生活紧密联结在一起，成为消费者的“避风港”，才能真正赢得消费者的“友谊”，获得长久的生命力。

在竞争日益激烈的现代商业市场中，品牌只有找到消费者的兴奋点，才能真正获得消费者的认同和青睐。而这种让消费者“兴奋”的东西，必然是超越了品牌的物质性范畴，源自品牌的精神、灵魂、文化和主张的内容。一个没有核心灵魂与价值主张的品牌很难长久地吸引和留住消费者。而品牌的灵魂体现在产品设计与创意上，就是从消费者生活细节中寻找灵感，让产品更具“人性”。

第4章

品类定位：基于定位理论的运营策略

品类战略：从品类到品牌进化

商品分化产生了不同的品类，企业旨在通过品类打造让自己的产品抢占消费者心智，通过把握市场发展趋势，推测品类趋势，提高消费者对产品的认可度，在品类竞争中获得话语权。很多新兴品牌会通过品类创新开拓市场，不少实力型企业也会通过品类创新维持自身的优势地位。

由“定位之父”杰克·特劳特（Jack Trout）开创的“定位理论”在我国商业界引起了巨大反响，带动很多企业在经营过程中实施品类定位，但大多数企业都未能取得突出成绩，特劳特在中国市场上的表现也并不出彩。为什么会出现这种情况，是品类定位思想存在漏洞，还是国内企业尚未掌握该理论的本质?

必须承认的是，定位理论包含重要价值，不过该理论侧重于品牌打造。从企业发展的角度分析，企业定位不仅要抓住产品分化的时机进行品类创新，还要持续提高品牌影响力。在时间方面，品类战略的实施涉及诸多方面。企业在这方面的发展包括三个不同的阶段，每个阶段又可以细分为多个步骤，一般情况下，每个步骤操作所需时间要达到五年以上，如图4–1所示。

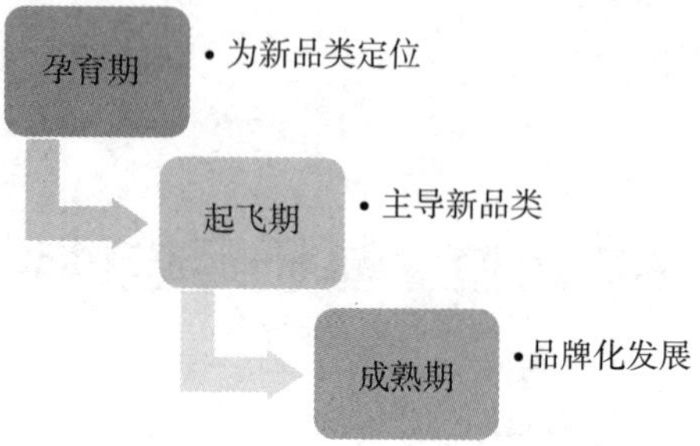

图 4-1　品类战略实施的三个阶段

◆孕育期：为新品类定位

消费者会对市场上的品牌或品类产生初始认知。某品牌或品类输出市场后，消费者会对其进行了解，并思考自己能够从中获得哪些益处。在这个时期，品牌要保证消费者的认知符合企业期待，为消费者提供相关信息，同时要避免负面信息产生与传播。

认知形成后将在很长一段时间内保持不变，顾客的初始认知会在很大程度上影响品牌今后的走向。由此可见，品牌初期的情况决定其未来的发展态势。在品牌孕育阶段，企业应该明确品类性质，对原点市场与原点人群进行准确定位，做好初期的准备工作，并在此基础上推动品牌或品类稳定发展。

企业在实施品类战略时，首先进入的就是孕育阶段，该阶段就是品牌打造的初期。在这个时期，企业要以现有品类需求为基础进行品类创新。企业经营者要高瞻远瞩，致力于将自己的产品打造成品类代表，逐步提高其发展层次。为此，企业在初期发展阶段就要为今后的品类成长做好准备。

在孕育阶段，企业要做好以下五项工作（见图4-2）：

（1）品类界定。消费者要先明确品牌属性，然后从心理上对品牌产生认可。企业要促进品类发展，就要进行品类界定，在激烈的市场竞争中占据优势地位，从而进行品牌扩张。

（2）锁定原点人群。原点人群在品类推广过程中通常具有较大的影响力，他们对某一品类的需求比较集中，或者是该领域的权威人士，通俗地说就是意见领袖。原点人群的行为能够对其他消费者产生较强的带动作用。

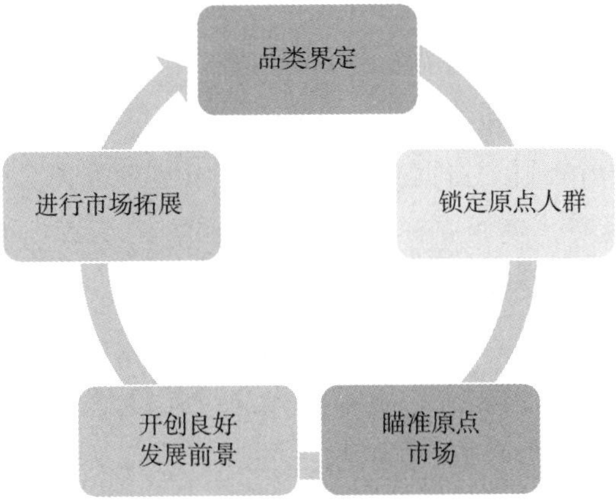

图 4–2　孕育阶段企业的五项工作

（3）瞄准原点市场。新品类成长难度低、拥有广阔发展前景的市场即为原点市场。相较于其他目标市场，原点市场的代表性更强，消费环境更好，还能产生较大的影响力，促进品类进一步发展。

（4）开创良好发展前景。企业在进行品类打造时，要避免出现产品流行之后快速衰退的现象，核心在于开创良好的发展前景。在对原点人群进行准确定位后，要为消费者获取品类信息提供有效渠道，实现品牌价值的传递。

（5）进行市场拓展。着眼于区域市场的品类发展，前期先在原点市场获得消费者的普遍认可，占据绝对优势。孕育阶段是品类发展的酝酿时期，企业要组织公关活动，塑造品牌形象，为今后的发展打下坚实的基础。

◆起飞期：主导新品类

前一阶段企业的主要任务是进行品牌或品类打造，目的是让品牌面向消费者。在此基础上，企业还要主导新品类，让自己的产品成为品类典型，从而扩大自身的利润空间，进行更大范围的市场开拓。在此阶段，企业的新品类会积累一批忠实用户，发展速度会大幅提高。

在品类发展的起飞期，企业要巩固产品在消费者心目中的地位，提出热销概念促进品类发展，帮助品牌进行市场拓展。与此同时，企业还要提高自身的竞争优势，避免对手抢占市场。

在这个阶段，企业要做好以下四项工作：

（1）在消费者心目中占据主导地位。在开创新品类之后，为了避免自身发展进入衰落期，企业要提高消费者对品牌的认知，迅速进行品牌升级，不断提高品牌的竞争实力，以免被后来者超越。

（2）与热销概念结合。在品类发展过程中，其影响力会逐步提高，企业要抓住时机提出热销概念，将其融入品类营销过程中，进一步开拓市场，形成口碑效应，吸引更多消费者关注。

（3）拓展品类需求。当企业的品类在消费者心目中占据主导地位后，接下来要做的就是进一步扩展品类需求，增加原点人群的数量，推动企业品类发展进入下一个成长阶段。

（4）促进品类增长。企业要防止品类在发展到一定阶段后走下坡路，为此要加大投资力度，注重品类推广，促进品类持续发展。

◆成熟期：品牌化发展

如果企业能够将自己的品牌塑造成某个品类的代表，并始终维持品牌在市场上的地位，那么，品牌发展情况就会在一定程度上决定企业最终取得的成就。在这个阶段，企业要向品牌化方向发展，将企业品牌打造成该品类的代表。为此，企业不仅要优化品类标准，还要推广品牌形象，在营销过程中融入更多理性因素，进一步提高消费者黏度。通过这种方式，企业能够扩大品类需求，增加利润。在这个阶段，企业要做好以下两项工作：

（1）将品牌打造成品类代表。在品类发展过程中，企业的品牌知名度也会提高，此时企业要向品牌化方向发展，让消费者在产生品类需求时马上联想到自己的品牌，通过这种方式获得更长远的发展。

（2）制定行业标准。企业品牌发展成品类代表之后，要巩固自身的优势地位，就要起到行业带头作用，进行产品升级，制定行业标准，打造竞争壁垒，推动品类发展。

综上所述，对于企业来说，品类创新与发展是一个长期的过程。在初期发展阶段，企业要抓住时机进行品类创新，从长远发展角度考虑问题，不要盲目地进行产品延伸，而是要将品牌发展成品类代表，充分挖掘其发展潜力。

为了做好品类定位，我们根据“全球定位之父”阿尔·里斯（Al Ries）的品类思想和“竞争战略之父”迈克尔·波特（Michael Porter）的五力分析模型，构建一个三力竞争系统，该系统包括三大内容，分别是：供应系统，包括供应商、协力业者和企业自身系统；竞争系统，包括同行竞争者、新进入者和替代品；需求系统，即购买者。

策略1：基于需求系统的定位

在当前的消费社会，物质产品极大丰富，如何让消费者在琳琅满目的商品中快速找到自己的产品并吸引他们的注意力，已经成为企业需要考虑的重要内容。企业应该对产品进行明确的定位，让消费者一眼就能将其与其他同类产品区分开，从而占领消费者的心智。

成功的产品定位需要做到三点，即容易被记住、容易被认可、难以被同类竞争产品取代。产品定位离不开差异化和长久的时间沉淀，其本质是在消费者心中留下印象，形成影响力，在消费者心目中占有一席之地，让消费者产生相关需求时能够立即想到自己，从而占领细分市场。

例如，碳酸饮料市场已经基本被可口可乐和百事可乐垄断，其他企业很难在这一细分的饮品市场上有较大作为。究其原因，可口可乐和百事可乐成功的产品定位使其成为碳酸饮料这一品类的代表，消费者想要购买碳酸饮料时首先想到的就是这两个品牌。可口可乐和百事可乐就通过这种方式在消费者心中构建起一个无形的壁垒，使得新品牌和产品很难进入。

当前，品牌已经成为商业竞争的基本单元，企业间的竞争也主要表现为品牌之争。从本质上看，品牌间的竞争就是品牌所代表的不同品类对用户和市场的争夺。例如，宝马和奔驰两大汽车品牌的竞争代表了“高级驾驶轿车”和“高级乘坐轿车”两种品类的比拼；云南白药创可贴和邦迪创可贴两个品牌则是“有药创可贴”与“无药创可贴”的品类之争；可口可乐和百事可乐的竞争体现了“正宗可乐”与“年轻人的可乐”对用户和市场的争夺；等等。

◆基于需求系统的品类定位

从需求系统这个分析框架出发，可以获得四种有效的品类定位方法，如图4–3所示。

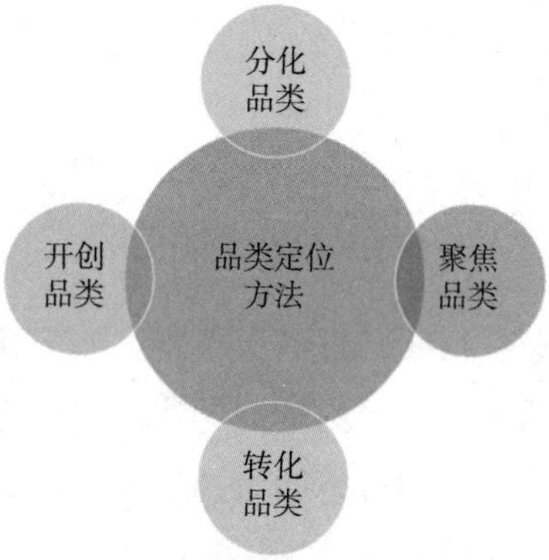

图 4–3 品类定位的四种方法

（1）分化品类。即围绕消费者认知和心智运作规律，对当前品类的某个方面或要素进行创新，实现品类分化，以此抢占消费者心智资源，在细分品类市场中建立品牌优势。

分化品类主要包括实体分化和虚体分化。实体分化是从理性和客观事实的角度进行品类分化，如产品和服务的功能、种类、款式、大小、包装、品质、档次、成本、时间与速度、特定目标群体、渠道与接触路径、供应与解决方式等。虚体分化则是基于消费者的心理、情感、文化、价值等主观感性因素形成的品类分化，如美、健康、青春、智慧、自由、自豪感等，是将抽象的感性认知映射到具体的产品与服务上。

需要注意的是，虽然品类分化包括实体与虚体两个维度，但绝大多数成功的品牌都有机融合了虚实两个品类。例如，宜家家具包括了低成本（实体）与北欧简约风格（虚体）、甲壳虫汽车结合了省油（实体）与环保理念（虚体）。

（2）聚焦品类。在同质化竞争越发激烈的情况下，通过聚集和深耕某个特定的点，为消费者创造某种极致的体验，形成具有差异化优势的品类。大致来看，聚焦品类的八种方法如表4–1所示。

表4–1　聚焦品类的八种方法

方法	具体内容
做简	化繁为简，让消费者可以更便捷地获取产品和服务，如真功夫蒸式快餐、如家连锁酒店等
做高	聚焦前沿科技，向价值链高端布局，如3M公司聚集化学科学、美国康宁公司在玻璃科学领域深耕等
做深	构建自身在价值链中某个环节的核心竞争力和价值优势，不断做大做强，成为整个价值链不可或缺的部分
做富（多元）	围绕品类开发多元化的产品，扩大品牌知名度与影响力
做透（穿透）	将密切关联的两个行业整合起来，通过品类跨界覆盖更多消费者。如苹果公司的iOS操作系统、硬件技术和App应用从PC端向移动端的穿透
做通（通用）	将具备竞争优势的核心能力与产品应用到更多终端产品或行业中。如丰田的发动机极具核心价值与竞争优势，公司在做汽车发动机的同时，还将其应用到割草机等更多终端产品中，实现了品类聚焦
做广	即品牌通过拓展市场版图实现品类聚焦，如加多宝凉茶从区域市场领先者扩张为全国凉茶品类领军品牌
做小	新品牌进入较为成熟的产品市场时，一般很难与统治品牌抗衡，这时可以寻找并深耕利基市场，从小众市场切入实现品类定位，成为细分市场中的佼佼者

（3）转化品类。指某个品类从原有行业或商业形态转化为另一种行业或商业形态时，品牌会同时拥有两个行业或商业形态的身份，并分别以显性和隐性的状态存在，即为转化品类。这种品类定位方式使品类兼具显性与隐性两种品类的优势，更容易在激烈的品牌竞争中获得消费者认可和青睐。

例如，脑白金从保健品品类转化为礼品品类，兼具了保健品的隐性身份与礼品的显性身份，通过“送礼不如送健康”的理念在国内礼品和保健品市场中独树一帜；斯沃琪（Swatch）手表从手表行业（显性身份）转向饰品行业（隐性身份），借此建立了更大的竞争优势；IBM则从单纯的电脑硬件制造商转化为电脑集成服务商，以硬件产品为入口和载体实现了软件与服务咨询创收。

（4）开创品类。上面提到的通过分化方式获得的新品类，一般都会有相应的母品类，即分化品类归属于原有品类框架，是通过对原有品类的某种细分获得的，存在一种“母—子”式的品类结构。与此不同，开创品类突破了固有的品类框架，通过对品类的重新定义和对消费者品类认知的重塑，开创了一种全新的母子品类结构。其所采取的途径主要有三种：开创新技术、开创新概念、开创新商业模式。

策略2：基于竞争系统的定位

◆关联品类

即与领导品牌所代表的品类建立有效连接，借助领导品牌的影响力提高自身知名度，成为该品类市场中消费者的第二选择。例如，蒙牛集团创立之初提出了向伊利学习成为“内蒙古第二品牌”的战略口号，并极力宣传将与后者共同建设“中国乳都”，借伊利的市场影响力实现了快速成长。

又如，深圳金蝶国际软件公司在发展早期借北京用友软件公司在北方管理软件市场中的领导地位，提出了“北用友，南金蝶”的口号，通过地理区位上的区隔，成为消费者心目中财务管理软件品类的二元品牌之一。

◆对立品类

即锁定市场上的领导品牌或主流品牌后，积极寻找其所代表的强势或主流品类的不足之处，给对手贴上负面标签，由此切入，重新定义领导品牌，为消费者创造新的体验和价值，将自己作为后入局者的劣势转化为优势，成为对立品类的领导者。

例如，针对西安杨森吗丁啉品牌的重度胃药品类定位，江中健胃消食片将自身定位为与之对立的日常助消化的轻度胃药品类，受到消费者追捧，成为对立品类的领导者。又如，针对苹果手机iOS操作系统的封闭生态模式，三星Galaxy采用与之对立的开放性的安卓操作系统，为消费者带来全新的操作体验，成为与苹果分庭抗礼的智能手机领导品牌。

◆抢占品类

即挖掘消费者尚未被充分满足的细分需求或潜在诉求，成为第一个占据消费者心目中空白品类的品牌。由于抢占的空白品类中没有竞争对手，所以品牌能够迅速成为该品类的领导者，形成先发优势。

例如，舒肤佳最先推出除菌香皂、红牛率先打出能量饮料口号、分众传媒第一个进入楼宇视频广告这一空白品类市场。通过抢占空白品类，这些品牌成为所处品类的领导者。需要注意的是，抢占品类并非一定要开创新品类，只要在目标市场中第一个进入消费者视线、占据消费者心智即可。

策略3：基于供应系统的定位

◆融合品类

如果说分化品类是将功能、需求等进行细分，让消费者在某个或某些方面获得更好的体验，那么融合品类就是将多个密切相关的品类整合到一个产品中形成一个全新的品类，为消费者提供一体化、一站式的便捷体验，从而获得“1+1＞2”的放大效应。

例如，999感冒灵定位为中西药结合的感冒药品类；英特尔推出了融合PC电脑与平板电脑的二合一超极本；雀巢速溶咖啡将奶精、糖和咖啡融合起来形成新品类；五粮液用小麦、大米、玉米、高粱和糯米5种粮食酿制，有别于以往单一粮食酿造的白酒品类；混合动力汽车将汽油动力和电力驱动融合起来，兼具了两者的优势：比纯汽油发动更环保，比纯电动汽车的动力更强劲。

◆进化品类

品类也如同物种一样会不断进化，不断地为消费者创造更好的体验。因此，新品类与旧品类之间并非毫无关系地各自发展，而是存在着优胜劣汰的竞争关系。例如，从随身听到MP3、MP4，再到MID和iPod，就是一个新品类不断取代旧品类的进化过程，而每一次品类进化都会提升消费者的使用体验。

新品类之所以能够取代旧品类，是因为新品类对旧品类的核心价值进行了优化升级，能为用户带来更大的自由空间，从而使旧品类失去存在价值。用“自由度”的概念分析品类进化，就是新品类为消费者创造了全新的自由空间，这个自由空间带给消费者的自由度比旧品类更大，而当新品类的“自由度”大到突破消费者需求的临界点时，就会形成品类进化。

例如，多普达（现在是HTC）最先提出“电脑手机”概念，黑莓是移动邮件业务的领导者，但它们都没有真正突破消费者的自由度临界点。真正实现品类进化的是iPhone，它将移动电话、可触摸宽屏iPod和电子邮件、网页浏览、搜索、地图导航等诸多功能融合起来，为消费者带来了全新体验，从而迅速取代传统的功能手机，开创了智能手机时代。

◆激活品类

围绕目标消费者的认知，将品牌潜在的能力激发出来，向消费者明确传达品牌的潜在价值与优势，从而赢得客户认可与青睐，建立品牌的差异化竞争优势。品类激活的切入维度主要包括品牌名、领导地位、特性、品牌故事（历史与传统）、使用方法、消费场景、制造工艺、市场表现等。

Part 2
品牌信任

导读

增进消费者对品牌的认知，让消费者建立品牌信任，是企业开展营销活动的重要目标。品牌信任的建立并非易事，品牌形象以及视觉符号的设计与打造是关键，除此之外还要提升消费者的满意度。

品牌形象是品牌非常重要的资产，可以向消费者传递很多信息，包括品牌价值、品牌理念、品牌的文化内涵等，是引导消费者建立品牌信任的关键。第5章从品牌价值着手，对品牌形象的构建、顾客忠诚度的提升、品牌与顾客的沟通进行详细分析，结合三只松鼠的实战案例总结出一系列方法与技巧。

视觉符号涵盖的要素非常多，包括品牌标志、品牌色彩、品牌代言人、品牌标识语等，所以视觉符号的设计也是一个非常复杂的过程。第6章对视觉符号的内涵以及视觉符号系统包含的要素进行全面分析，对视觉设计的原则与路径进行总结，让读者对视觉符号系统及其设计形成立体化的认知。

提升顾客满意度是建立品牌信任的关键，而影响顾客满意度的因素有很多，包括产品质量、购物体验、售后服务等，第7章对这些因素进行深入分析，对提升顾客满意度与忠诚度的方法进行总结，并结合易太食品的案例总结出建立品牌信任的五大方法，抛砖引玉，带给读者有益启示。

第5章 超级品牌：企业品牌形象设计落地

品牌资产：构建品牌的四大价值

◆品牌是企业的重要资产

品牌是企业的重要资产，有助于拓展产品或服务的溢价空间，为企业创造更多商业价值。全球著名品牌战略研究专家戴维·阿克（David Aaker）认为，品牌资产主要包括品牌忠诚度、知名度、感知质量、品牌联想和其他专属资产五个方面，这些品牌资产能够为企业带来边际资金流。

顾客群体对企业品牌的忠诚度越高，企业越容易抵挡竞争对手的冲击，获得更高的商业利益；企业品牌具有更高的知名度和美誉度，表明企业的产品与服务质量过硬，获得了顾客的普遍认可，使顾客在进行购买决策时更倾向选择自己的品牌。由此，品牌建设成为越来越多企业发展的重要内容和成功标准。

◆品牌是企业的核心竞争力

在竞争白热化的现代商业环境中，如何构建自己独特的竞争力已经成为众多企业需要慎重思考的重要议题。对于企业来说，生产运营机制、员工素质、产品特色与创新等都是企业竞争力的重要组成部分。

然而从消费者角度来看，这些内容都过于抽象。在实际运营过程中，真正影响人们购买选择与决策的是品牌，即消费者更愿意选择那些知名度和美誉度高的好品牌、大品牌。因此，品牌是企业的重要资产，成功的品牌建设有助于扩大企业的市场份额、提升企业整体的竞争力。

◆品牌承诺是重要的购买决策依据

在物质产品极大丰富、同质化竞争越发激烈的现代商业市场中，要让产品或服务脱颖而出吸引消费者目光，让消费者愿意购买、使用自己的产品，需要企业为消费者的购买决策提供具有诱惑力的依据。

相关研究显示，在影响消费者决策的各种因素中，品牌承诺是一个十分重要的因素。通过良好的品牌形象，消费者能够更好地了解企业产品或服务的价值，并对企业做出的有关产品或服务的承诺充满信心，从而在进行购买决策时倾向该企业。从这个意义上来讲，品牌是企业对消费者的一种承诺，企业品牌建设越成功、品牌形象越好，越容易获得消费者的青睐。

◆品牌是企业精神的载体

品牌是企业精神、核心价值与文化的集中体现，也是企业与消费者进行文化交流、实现企业文化推广的重要形式。成功的品牌建设能够让消费者在潜移默化中认可企业精神与文化，培育并提高消费者的忠诚度。如速溶咖啡雀巢，消费者对这一品牌认可的背后体现的是对忙里偷闲这一生活理念的认同。

品牌是企业精神的载体和重要呈现，从客户角度出发、不断为客户提供更好体验的企业精神，必然能够让消费者在品牌体验中充分感受到；反之，对客户敷衍了事的企业文化，也会在企业品牌中体现出来并被消费者感知，失去消费者的认可与青睐。

品牌识别：建立企业的品牌形象

品牌建设是一项长期而复杂的系统工程，消费者能够成为品牌的忠实粉丝，并非因为品牌的标志、图案，而是在长期接触品牌相关信息的过程中对品牌逐渐建立的印象，精神或情感方面的需求获得了一定的满足。品牌建设除了具有提高品牌知名度、帮助企业拓展新市场、整合更多的外部资源等方面的作用外，还能够为企业和目标用户搭建一个有效的沟通桥梁，促使更多消费者购买企业产品及服务。

品牌形象设计是品牌建设中的重要一环，需要品牌运营人员充分考量市场、用户、自身发展阶段、竞争对手策略等多种因素。优秀的品牌形象设计可以让品牌在短时间内给目标用户留下印象，通过独特的视觉呈现传递企业形象、价值观等。对品牌运营人员的创新能力有较高的要求，需要通过长期的品牌推广，逐渐让目标用户感受到品牌形象中的各种创意元素。

早在中世纪的欧洲，商标就已经被众多手工艺者广泛使用，他们将代表个人或组织的名字或图案烙印在产品上，提高产品在消费者心中的辨识度。当时，资金较为宽裕的消费者总是尽可能地选择那些刻有高水平手工艺者标记的产品，以确保产品质量。

发展到今天，商标不仅发挥着为产品质量提供信任背书的作用，更能够传递企业形象与品牌美学。消费升级与激烈的同质化竞争导致产品的基本功能、性价比等在消费决策中的影响力被弱化，人们制定消费决策时更加关注产品是否契合其生活方式，能否满足其对体验、审美等方面的需求，能否成为人们追求的某种情感的寄托等。

苹果、华为等世界知名品牌创造的财富神话，充分展示了品牌形象在现代企业竞争中的重要价值。在竞争复杂而多元的时代，赋予品牌艺术性、感性及形象性的元素，对品牌建设尤为关键。

品牌形象体现了品牌和竞争对手之间的诸多差异。积极正面的品牌形象可以给企业带来提高产品溢价能力、实现差异化竞争、降低营销成本等诸多方面的优势。随着经济全球化浪潮持续推进，以及中国经济的快速发展，大量海外优秀品牌涌入中国市场，品牌在提高产品辨识度、赋予产品更高溢价能力等方面发挥了重要作用，品牌形象设计受到了企业界的高度重视。

如今，国内企业对品牌形象设计的认识也不再局限于品牌标识的设计，而是将其视为一项长期的发展战略，需要随着市场环境、用户需求的变化不断地对品牌形象设计进行优化调整。经济全球化对我国各行业产生了深远影响，市场竞争的层次与激烈程度被提升到了新的高度，通过长期的探索与不断试错，国内企业不断总结发展经验，对竞争对手的商业模式及竞争策略进行深入分析，对品牌形象设计的认识越发完善。

苹果、三星、奔驰等海外优秀品牌进入中国市场后，中国企业开始认识到做好品牌形象设计需要有专业的设计团队提供支持，要将品牌形象设计整合到企业的长期发展战略之中，要在资金、媒介、人才、技术等方面投入更多资源与精力，而不是简单地花钱做广告。

日本著名设计大师原研哉指出，创造并非对现有事物进行置换，而是心存敬畏地将世界视为未知，去感受那些不可思议。创造是提出质疑，而不是填写答案。企业想要建立具有创新性的识别系统，首先需要正确地表征问题，理清问题的本质，然后提出有效的解决方案。很多创新都源于人们找到了一种发现问题的新角度，这种新角度促使人们发现问题的本质，进而提出行之有效的解决方案。

美国20世纪60年代广告创作革命的引领者李奥·贝纳（Leo Burnett）对万宝路香烟在美国市场销量不佳的问题进行深刻剖析，重构万宝路香烟品牌识别及其品牌形象，从柔美的女性形象转变为潇洒、粗犷的西部牛仔形象，即便过了60多年，万宝路的品牌形象依然深入人心。据美国相关杂志报道，万宝路商标价值高达300亿美元。

整体来看，品牌识别并非简单地为品牌设计一个易于辨识的标识，或是推出一套企业形象识别系统，而是一项包括“人”和“物”在内的系统工程。

（1）在“人”的方面，企业及品牌领导者、企业员工及品牌形象代言人的形象，都为企业品牌形象识别提供有力支持。比尔·盖茨、乔布斯、任正非、马云等企业家本身就是给企业带来强大竞争力的品牌形象。如果说企业员工是企业文化的传播者，那么品牌形象代言人就是品牌精神与理念的诠释者。

（2）在“物”的方面，品牌产品识别系统、传播系统及品牌空间系统也是品牌形象识别的有力支持者。只有对品牌产品设计开发、营销内容的传播推广、品牌销售现场设计规划等环节进行系统性的协调与管理，才能在用户心中形成具有较高辨识度的品牌形象。

在过去相当长的一段时间里，企业界普遍采用的品牌标识和企业视觉识别设计，并不能有效完成品牌识别设计目标。实现品牌识别，并构建品牌形象，需要营销人员进行系统性的设计与管理。

传播品牌使命、品牌文化，实现品牌战略目标，需要打造具有前瞻性的识别系统。同时，企业需要长期对识别系统进行优化完善，以适应不断变化的市场环境和用户需求，星巴克品牌标识的演化充分体现了这一点。

在星巴克最近一次的标识调整方案中，此前的图形部分被保留下来，周边的“STARBUCKS COFFEE”文字则被去除，意欲弱化星巴克的咖啡属性，这是星巴克在新时代进行重大经营战略调整的结果，如图5-1所示。因为未来的星巴克并不想局限于咖啡领域，而是想要向果汁、烘焙、餐饭等诸多领域发力，开展多元化经营。

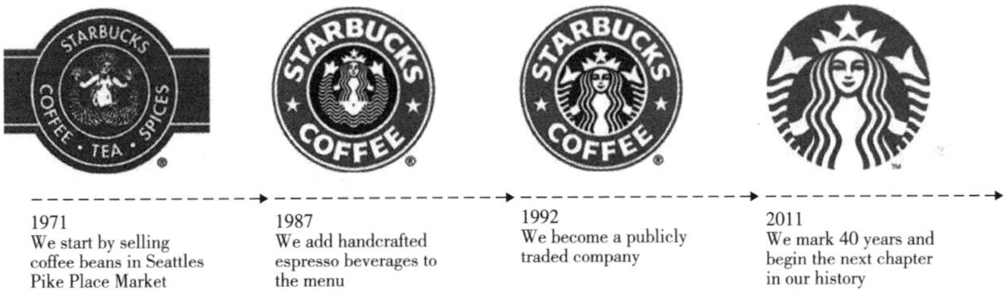

图 5-1　星巴克品牌标识的演化过程

经过多年的培育，星巴克的双尾美人鱼标识已经深入人心，不需要文字就能让广大消费者对其品牌做出精准识别，带领品牌识别迈入单纯视觉图形化的美学新阶段，与其“非家，非工作”的第三生活空间的品牌定位发挥良好的协同效应，这一点值得因为同质化竞争陷入价格战泥潭的广大企业学习、借鉴。

品牌定位：有效提升顾客忠诚度

随着越来越多的企业在品牌建设及运营过程中运用体验经济，业内人士深入分析了品牌与体验之间的关系，对“品牌体验”做出了定义。采用这种模式的企业，要从消费者的认知、感官、情感、行为反应等心理层面出发考虑问题，并将这种思维运用到品牌设计、品牌包装、环境打造、顾客互动等诸多环节之中。

顾客在选择商品、消费商品的过程中产生的心理及行为都属于品牌体验的范畴，这些体验会对商品、品牌选择产生重要影响。在产品经济时代，产品的质量及功能是消费者关注的重点，属于企业的硬件；在服务经济时代，与产品相关的服务质量是消费者关注的重点，是企业的软件；在体验经济时代，消费者更加关注企业硬件与软件之间的结合情况，所以，企业想要获得消费者认可，就要实现硬件与软件之间的连接，并在长期运营过程中逐步积累品牌的粉丝用户。

在产品极大丰富、市场同质化竞争日益激烈的消费社会，越来越多的消费者开始超越物质性与功能性的产品诉求，转而关注参与互动、自我实现等更高层次的价值满足与体验，导致单纯的产品与服务越来越无法长久地吸引和留住顾客。

基于此，商家应该将营销活动的重心从商品本身上升为品牌体验，通过搭建舒适、便捷的沟通互动场景，利用吸引眼球的“概念”和“故事”，有效激发消费者参与互动的积极性，结合产品特点和消费心理，为顾客创造一种强调体验的品牌形象。

在进行品牌打造及运营的过程中突出差异化体验，可以通过感性定位，以独有的品牌优势让消费者感受到品牌的体验价值，增进品牌与消费者之间的关系，带给消费者独一无二的体验，给消费者留下深刻印象，提高消费者对品牌的认知度。

◆体验经济下的品牌定位策略

在体验经济时代，品牌定位可以采取以下三大策略（见图5–2）：

（1）以体验营销对接消费者的个性化需求。企业应该对消费者所认识的品牌概念进行把握。企业想要对接消费者的个性化需求，就应该了解消费者的需求，根据感性定位实施精细化的用户管理，知道消费者是如何进行品牌感知的，站在消费者的角度分析自身品牌所属的具体范畴，实现品牌概念的有效传递，拉近与消费者的距离。

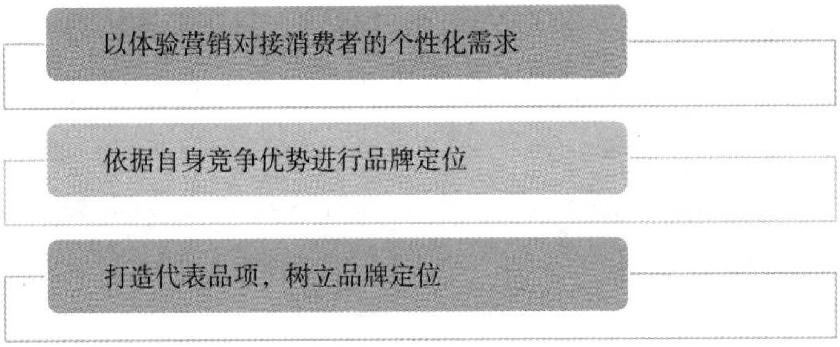

图 5–2　体验经济时代的品牌定位策略

把握了消费者的个性化需求与品牌认知方式之后，企业要据此打造品牌体验，进行品牌定位。在这个过程中，企业要给消费者提供情景体验，增强消费者黏性，同时要围绕消费者需求与其进行沟通互动，提高营销效果。

（2）依据自身竞争优势进行品牌定位。在发展体验式服务的过程中，企业要对自身的性质、发展经历、产品及品牌特色、资源使用情况等进行分析，挖掘自身的优势，为消费者提供不同于竞争对手的独特体验，以差异化优势胜出。在缺乏优势的情况下，企业可以针对品牌的市场缺口进行产品开发与运营，以实现扬长避短。

（3）打造代表品项，树立品牌定位。从消费者认知角度看，消费者更倾向于选择简单的品牌。因此，企业在进行品牌定位时应该降低品牌的复杂性。为了抢占消费者的心智，企业可以推出代表品项，通过这种方式提高消费者对品牌的认可度。

在向市场推出自己的品牌后，企业应该及时进行代表性品项的打造，通过这种方式明确定位，让消费者看到某种产品就能立即联想到自己的品牌。以可口可乐为例，该公司将可乐打造成自己的代表品项，并推出经典弧形瓶，在带给消费者独特视觉体验的同时，也加深了消费者对其品牌定位的认知。又如，香奈儿推出的经典香水NO.5，以独特的嗅觉体验明确自身的品牌定位。总而言之，企业通过打造代表品项为消费者提供差异化的体验，能够让消费者充分了解其品牌概念。

◆体验经济下的品牌优化策略

（1）实施过程管理。管理体验全过程涉及体验营销的所有环节及流程，但企业应该将精力集中投放到以下几个环节：明确市场定位，挖掘消费者需求；确立体验主题；构建体验环境；开展体验活动；进一步提高消费者满意度，优化体验服务。企业只有做好这几个环节的管理，才能达到品牌优化的目的。

（2）进行品牌延伸。在进行品牌延伸的过程中，企业要对消费者的需求变化进行分析与把握，据此调整体验过程。另外，在进行产品升级换代的同时，企业也要相应地改变体验内容，调动消费者重复参与体验的积极性。

品牌沟通：实现与用户深度交互

品牌形象是一种在人们大脑中形成的品牌印象的集合体，与人们受到的外界品牌识别、品牌元素等方面的刺激，以及个体的认知能力与水平存在密切关系。品牌识别则是品牌营销人员以更好地提高用户对品牌的辨识度、信任度等为目的，打造的一套专属的符号系统。

营销人员建立品牌识别，利用社交媒体与目标用户进行互动交流，最终建立起良好的品牌形象。从某种程度上说就是营销人员从企业利益出发，通过品牌识别的建立及运营，来打造更加符合企业利益的品牌形象。

品牌形象隶属于品牌知识的范畴。哲学家迈克尔·波兰尼认为知识包括显性知识和隐性知识。品牌形象中存在显性部分，也存在隐性部分。其中，能够加工、呈现及传播的“形”是显性部分，而通过个体参与、体验及联想所形成的“象”则是隐性部分。

品牌形象中的隐性部分和个体的情绪、心态、行为等存在密切关联，所以，对不同的个体，这部分内容会存在明显差异。由于品牌形象中隐性内容的存在，很多企业营销人员投入大量资源建立并运营品牌识别，却无法在目标用户心中形成理想的品牌形象。

品牌建设并不是一朝一夕的事情，需要经过长时间的传播推广，通过整合性、策略性、艺术性的沟通，不断地在用户心目中强化品牌形象。在整合性品牌沟通方面，需要营销人员从品牌建设高度对传播内容与路径进行策划。

市场研究机构发布的数据显示，城市居民平均每天接触的广告有3000多个，这些信息给人们的生活与工作带来了一定的负面影响，很多人对广告信息产生了一定的抵触心理。在这种情况下，将品牌内容快速、高效、精准地传播给目标受众使其知晓，是一件颇为困难的事情，需要企业善于运用跨媒体传播，并做好用户场景分析。

跨媒体传播强调企业要广泛借助各种线上线下的媒体资源，针对用户的个性化需求，制订完善的媒体组合传播方案。用户场景分析强调企业要对用户生活与工作中可能接触到品牌内容的场景进行梳理，为品牌内容传播提供有效指导。

技术与软硬件的快速发展使媒介类型越发丰富，报纸、电视、杂志、广播等传统媒体丧失了垄断优势，社交媒体、直播平台等新媒体在用户在线时长、用户关注度、营销成本等方面更具优势，所以，营销人员需要在新媒体渠道投入更多资源与精力。

当然，品牌内容传播给目标受众知晓之后，并不意味着它一定能发挥出预期的效果。想要完成营销目标，还需要进行策略性的品牌交互，引导用户行为及决策，让用户与品牌建立良好的信任关系。品牌交互策略的制定需要营销人员结合市场情况与目标用户的特性，基于品牌文化与价值设计出品牌交互的核心创意。

然后围绕核心创意拓展出一系列的衍生内容，如基于核心创意的一连串主题故事，描绘出不同的场景并让用户产生代入感、体验感，刺激用户产生情感共鸣。策略性品牌交互的重点是要给目标用户创造超乎预期的体验，让用户积极参与到与品牌的沟通交流中来。

在用户主导的新消费时代，品牌运营者不仅要扮演品牌设计、日常运营的基本角色，还要善于讲各种符合目标用户需求的品牌故事，单纯的文字及图形很难让品牌在用户心目中留下深刻印象，引人入胜的品牌故事才能让品牌在激烈的市场竞争中成功突围。

在消费升级的背景下，满足用户的艺术性需求也成为品牌建设中的重要内容。苹果电脑上线之初，很多人就被乔布斯独特的字体美学所吸引，无论普通大众，还是精英群体，都能从苹果产品中感受到极致的美学体验。当然，产品建立某种艺术风格往往需要投入大量的时间与精力，需要营销人员从视觉、听觉、嗅觉、触觉等多个感官层面进行强化。

【案例】三只松鼠："四位一体"的品牌定位

创建于2012年2月的三只松鼠，在发展初期是一家纯互联网食品企业，随着规模不断壮大，如今已经成为食品电商领域的翘楚。根据三只松鼠官方发布的数据，在创建后的第一年，三只松鼠的销售规模就超过了3000万元。其全渠道销售规模在2018年"双十一"更是达到了6.82亿元，代表着国内食品行业的最高销售水平，占据着行业的先锋地位。

目前，中小电商企业在发展过程中面临着严峻的挑战。一方面，多数消费者更习惯到街边店铺购买坚果类食品，其网购习惯仍有待培养；另一方面，实力型电商企业、传统品牌都使中小电商企业面临着巨大的压力。在此形势下，三只松鼠能够以新电商企业的身份，在成立之后迅速崛起，最终走上行业巅峰，就是因为精准的品牌定位。三只松鼠的品牌定位涵盖了四项内容，如图5-3所示。

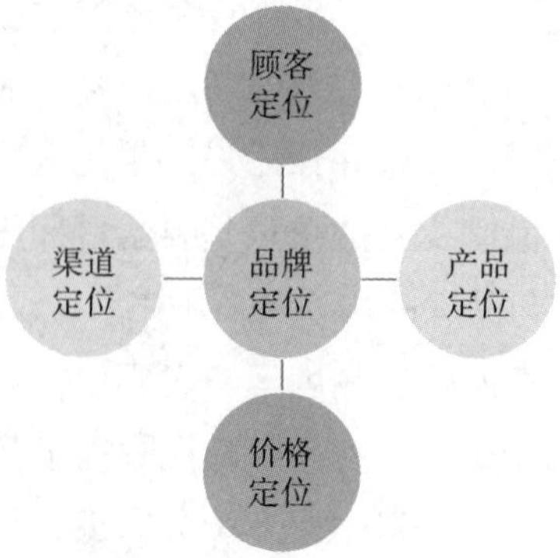

图5-3　三只松鼠的品牌定位

◆顾客定位：聚焦年轻消费群体

三只松鼠开展体验营销的基础是精准的目标顾客定位，它聚焦年轻、时尚、追求健康和生活品质的都市白领，互联网用户及慢食生活之人。

对这类消费者进行分析可发现其具有以下几大特点：

- 他们是干果类产品的主要消费者，比较追求生活品质。
- 他们的生活已经基本实现了互联网化。
- 他们已经养成了线上购物习惯，消费过程从“知道—产生兴趣—产生购买冲动—购买”转变成了“搜索商品—甄别商品—体验商品—购买商品—评价商品—分享商品”。
- 对于这类消费者来说，新社群与新媒体会对其产生重要影响。
- 这类消费者非常注重体验，体验需求是非常重要的消费需求。

虽然精准的目标消费群体定位会让消费群体范围变得狭窄，但是三只松鼠定位的这类消费群体是线上购物的主力军。以这类消费群体定位为基础，三只松鼠从产品模式、营销模式、渠道模式出发全面提升消费体验。

首先，三只松鼠的漫画形象、产品包装及客服都表现出了青春、可爱的特点，成功地击中了目标消费群体的“萌点”，让消费者倍感亲切。

其次，三只松鼠为消费者提供了近乎完美的消费体验，使消费者的消费诉求得到了极大满足。

借鉴“三只松鼠”的成功经验，在消费升级、需求分层的市场环境下，零售企业想要获取市场份额就必须做好目标消费群体定位，定位越精准，越能吸引目标消费群体关注，越能有效提升目标消费群体的消费体验。具体来看，目标消费群体定位的三种方式如图5–4所示。

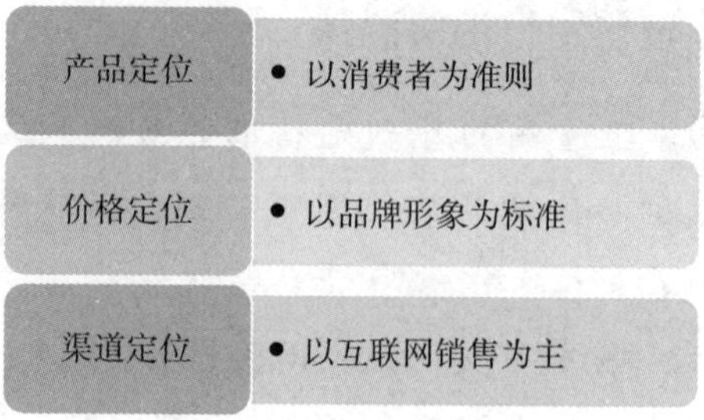

图 5-4　目标消费群体定位的三种方式

◆产品定位：以消费者为准则

什么是产品定位？即企业在进行产品设计、开展产品营销时，采用一定的营销方式建立自身的产品形象，并提高消费者的认知度。随着经济迅速发展，消费者需求发生了一定的变化，食品质量、安全成为消费者关注的重点。认识到这一点后，三只松鼠根据消费者需求打造产品形象，让自身的产品定位更加符合消费者的需求与偏好。

◆价格定位：以品牌形象为标准

产品价格会对其销售情况产生重要影响。那么，三只松鼠是如何进行产品定价的呢？企业在定价时应该考虑哪些因素呢？总体来看，三只松鼠的定价策略包括以下几个时期：在品牌建立的初始阶段，与其他同类品牌相比，三只松鼠的市场资源比较有限，品牌影响力也比较低，所以产品定价低于同类产品；进入发展阶段后，三只松鼠的品牌知名度逐渐提高，产品定价接近市场平均水平；到了发展成熟时期，三只松鼠完成了品牌建设，在产品质量、服务质量、品牌方面都拥有了一定的优势，产品定价开始高于同类品牌。

◆渠道定位：以互联网销售为主

互联网营销的另一种说法是“网络营销”，这种新型的市场营销方式能够利用网络平台传递数字化的信息，与目标消费者进行互动，最终促成产品销售。在互联网及移动互联网时代，三只松鼠充分发挥互联网平台的优势，让企业、市场、产品、消费者之间的连接打破时空限制，以较低的成本实现高效的信息交换，在此基础上达到最终的交易目的。

面对激烈的市场竞争，不少企业对三只松鼠的经营实践进行了分析与探究，希望挖掘出该品牌的营销思路，并对其成功经验进行总结，通过向其学习来提升自身的销售业绩。在这个过程中，企业要避免完全照搬三只松鼠的营销策略，而应该根据实际情况进行适当的调整，探索出适合自己的发展道路。

第6章

视觉符号：传递品牌的价值与理念

视觉符号：传递品牌形象与理念

对于品牌来说，拥有一个独属于自己的品牌形象非常重要，是品牌营销成功的关键。不同的品牌视觉形象组合在一起会形成品牌特有的文化与个性，如果这种文化与个性符合大众的审美与认知，就能收获一大批粉丝。

◆视觉符号化的解读

符号化指的是提取某种实践体验，将其打造成表达思想、传播情绪的载体。符号化往往要经历四个阶段：具象—表象—抽象—符号化。在这个过程中，设计人员要在品牌传播过程中提炼出高度抽象、概括的视觉形象，将其打造成具有一定识别意义的符号化载体，让大众看到就能联想到品牌，从而达到“以形表意”“以象表言”的目的。

从整体来看，视觉符号具有易识别性、差异性、象征性、对应性四大特征，如图6–1所示。其中，易识别性是基本属性，是视觉符号价值的直接体现，可以让人们通过简单清晰、准确生动的图形语言了解更多品牌信息。差异性体现了品牌独有的特点，使品牌区别于同类品牌的。象征性强调使用象征手法、凭借具象或者抽象的图形向受众传达品牌理念。对应性强调让品牌的视觉符号与品牌精神、文化、内涵等保持一致，相互呼应，是品牌视觉符号形式与意义相互融合的最佳表现。

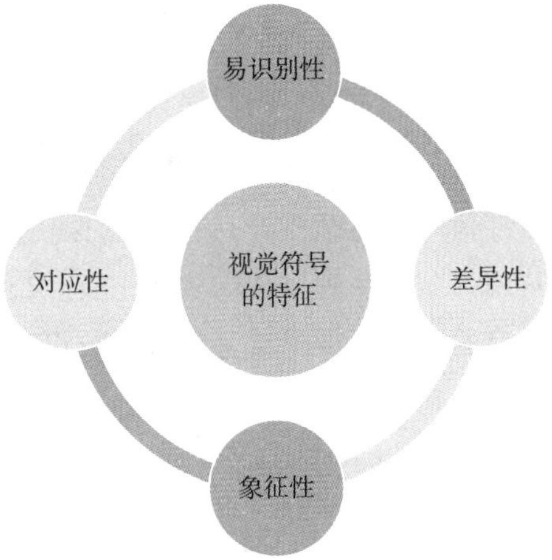

图 6–1 视觉符号的四大特征

◆视觉符号化的表现

在品牌的视觉符号系统中，品牌标志居于核心地位，体现了企业或产品的重要特征，可以让受众深入了解品牌的特点与理念，从视觉层面产生特定的联想。品牌标志用线条、图形将品牌抽象的理念明确下来，然后利用夸张、概括等方法进行二次创作，为图形赋予某种特定的意义，将其打造成具有某种象征意义的艺术形象。

品牌色彩是品牌最重要的一个外部特征，在很大程度上决定着品牌形象在受众脑海中的留存。同一款产品，不同的色彩会导致产品的受欢迎程度、消费者的购买意愿产生巨大差异。对于一个新品牌来说，色彩设计得当可以帮助其在极短的时间内在受众心目中留下深刻印象。一般来说，大多数成功的品牌必然拥有鲜明的色彩特征。

品牌代言就是根据品牌调性选择代言人，通过代言人传达品牌理念，以代言人为媒介与目标消费群体建立情感联系，在目标消费者心目中留下深刻印象，成为目标消费者选购产品的一个重要选择。

品牌标识语是品牌形象的语言符号在视觉层面的体现，可以让受众了解品牌能够带给他们的好处，这种好处既可以是情感层面的，也可以是功能层面的。每个品牌都有自己的个性，品牌标识语就是将品牌的这种个性通过视觉表现出来，呈现给消费者。

◆视觉符号化对品牌形象塑造的价值

随着认知水平与经营理念持续提升，越来越多的品牌开始注重视觉符号系统的打造，将其视为塑造品牌形象的重要工具。很多品牌为了增强宣传效果，开始根据自身的形象对视觉符号系统进行设计，使自身的品牌形象变得更加符号化。具体来看，视觉符号化对品牌形象塑造的价值主要体现在以下三大方面（见图6–2）：

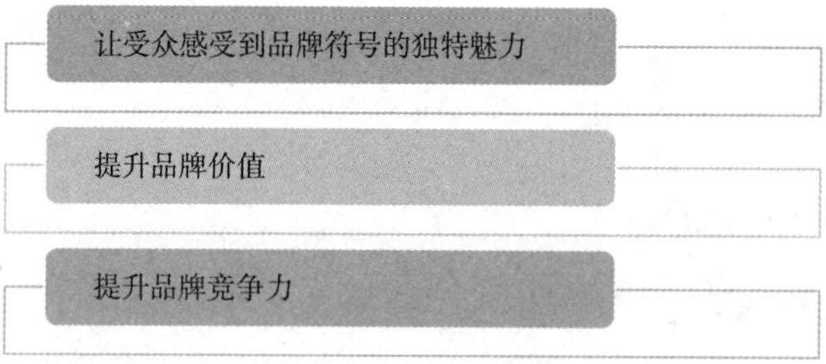

图6–2　视觉符号化对品牌形象塑造的三大价值

第一，让受众感受到品牌符号的独特魅力。品牌个性决定品牌在市场上的地位，通过对视觉传达语言进行精准设计，可以让受众感受到品牌符号的独特魅力，进而产生与品牌对话的冲动。

第二，提升品牌价值。视觉符号化设计通过造型独特、内涵丰富、简单易记的符号传递品牌理念、文化、价值观等，会对品牌建设产生直接影响。随着视觉符号的传播范围越来越大，大众的认识度越来越高，品牌形象逐渐建立，品牌价值也会得到大幅提升。

第三，提升品牌竞争力。对于消费者来说，他们识别、区分品牌差异的关键点就是品牌形象。良好的品牌形象不仅可以加深消费者对品牌的记忆，而且可以提升消费者的购买欲。对于品牌来说，视觉符号是传递品牌形象的有力武器，不仅可以提升品牌的形象，而且可以为消费者提供一条直接接触品牌的途径，加深消费者对品牌的了解，让品牌在消费者心目中占据一席之地，从而提升自身的竞争力。

品牌视觉：视觉设计的四个原则

品牌视觉设计指的是立足于人的生理、心理、思维结构，利用视觉符号传达品牌理念、文化、价值观等内容的一种视觉表现形式。因为视觉符号简单、直接，具有较强的冲击力，所以通过视觉符号设计可以将品牌的文化特征、内在价值直接传达出去，吸引人们的注意力，引起广泛关注。

随着社会不断发展，品牌视觉设计的形式发生了较大改变，开始从平面设计向三维设计发展，极大地增强了品牌形象的表现力。目前，品牌视觉设计已经成为传播品牌信息的一个重要手段。随着市场竞争愈演愈烈，为了占据一定的市场份额，在市场竞争中立于不败之地，企业必须立足于市场需求、积极创新，做好品牌形象设计，用最具代表性的品牌符号使品牌传播效果最大化。

品牌视觉设计想要发挥出应有的效果，必须遵循四大原则，具体如图6–3所示。

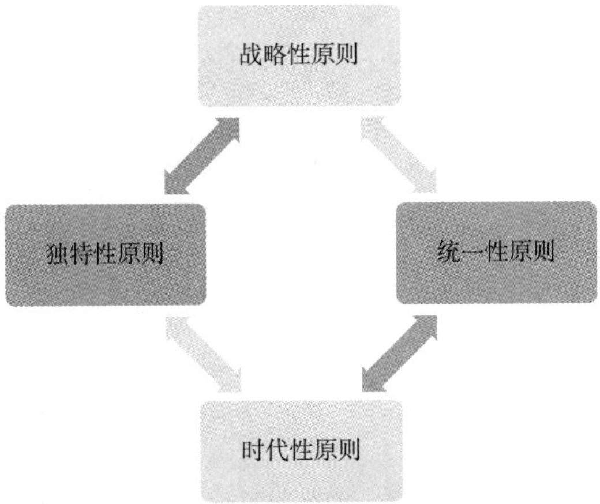

图 6–3　品牌视觉设计的四大原则

◆战略性原则

品牌经营必须遵循一定的战略，这里的品牌经营包括创建与完善品牌形象，获得受众的认知与记忆，实现品牌化等。一套科学的品牌战略不仅可以创造更好的品牌效益，还可以帮助企业应对激烈的市场竞争，实现可持续生存与发展。因此，品牌视觉设计必须立足于市场分析，制定有利于企业长久发展的经营战略，如品牌发展战略、品牌文化战略等，为企业树立一个良好的品牌形象。

◆统一性原则

品牌视觉设计是一项非常复杂的工作，涵盖了方方面面的内容。为了将品牌价值与内涵更好地表达出来，必须对品牌视觉设计的各个要素进行统一。研究发现，品牌视觉设计将相同或相似的视觉符号衔接在一起，不仅可以更好地向受众传达品牌理念与经营目标，而且可以持续加深消费者对品牌的印象。反之，如果品牌视觉设计的各个要素搭配不合理，就会对品牌价值与目标的传播造成不良影响。为此，想要让品牌视觉形象传播达到更好的效果，设计人员必须把握视觉原色，保证原色统一、协调。

◆时代性原则

人们的审美观念不是一成不变的，会随时代的发展不断变化。因此，每一位设计人员都应该具备紧跟时代发展步伐，立足于时代特征进行品牌视觉设计的能力。任何一项事物想要吸引人们的注意力，必须具备时代特征。因此，在品牌视觉设计的过程中，设计人员可以适当地融入一些时代元素，吸引年轻受众的注意。

◆独特性原则

独特性指的是事物区别于其他事物的一些特点，主要表现在内容、形式与风格方面。随着市场进入供过于求时代，同质化商品越来越多，只有独具特色的事物才能吸引人们的目光。因此，品牌视觉设计必须坚持独特性原则，加大创新力度，融入一些新元素、新理念，与同类事物产生显著区别，以便在市场竞争中占据有利地位。

设计路径：形式表现与色彩应用

◆形式的表现

品牌视觉形象设计的一大目标就是吸引受众注意，获得日益珍贵的注意力资源。想要达到这一目标，最好的方法就是为品牌设计一个醒目、美观的形象。在品牌视觉设计中，独特的形式结构可以很好地达到这一目的，这就要求设计人员在设计品牌的视觉形象时用一种比较合理的方式将相关元素表现出来，如均衡的表现形式或者动态的表现形式等。均衡的表现形式可以引发受众联想，增强吸引力。另外，品牌视觉形象的形式设计还可以借助各种艺术创作手法带给受众独特的感受，如用曲线将品牌形象勾勒出来，让受众感受到品牌的美感等。

◆色彩的应用

作为一种视觉符号，色彩在品牌视觉设计方面发挥着极其重要的作用，能够直接影响受众的视觉感受，引起受众注意。相较于形状来说，人对色彩的反应更直接、更敏锐。品牌可以借助一些色彩构建独特的视觉识别系统，在短时间内给受众留下深刻印象，甚至形成永久记忆。

以可口可乐为例，这个品牌的色彩只有两种，红色和白色，再加上波纹形状，很容易让受众形成记忆。以至于受众再看到具有红色、白色、波纹等特征的广告时，会自然而然地想到可口可乐这个品牌。

另外，设计人员在选择色彩时要保证品牌的视觉色彩简洁明快，具有较高的辨识度，而且要对品牌的特征进行全面考虑，保证品牌色彩的一致性、协调性，赋予品牌视觉形象引发受众共鸣的特点与能力。

随着全球经济一体化进程不断加快，世界各国的经济贸易、文化往来日益频繁，品牌视觉设计也必须与国际接轨。目前，在品牌视觉设计方面，图形与符号相结合逐渐成为一种比较流行的方法。符号化设计的优点在于辨识性比较高、理解难度比较低，容易获得关注，体现审美共性。

如果读音与形象保持不变，符号化的品牌视觉形象很容易转变为其他文字，让品牌在国际竞争中占据优势。需要注意的是，设计人员不能一味地迎合国际化的趋势，要在国际化的过程中保持品牌视觉形象的本土特色，加大创新力度，提高品牌视觉设计水平，从静态品牌视觉不断地向动态品牌视觉演变。

品牌VI：视觉识别系统八大要素

VI全称为Visual Identity，通译为视觉识别系统，指的是将企业CIS（Corporate Identity System，企业识别系统）的非可视化内容（企业的经营理念、文化、价值观、形象等）转变为静态的视觉识别符号，即企业名称、企业标识、字体、色彩、图形等。

◆系统作用

视觉识别系统指的是用可视化的符号将企业识别系统中传播力、感染力最强的内容体现出来，加深受众对品牌的认知与了解，让受众对品牌形象形成快速识别与记忆，提高企业对外宣传效果。

视觉识别系统用到了两套规范：一是基础规范，具体包括企业标志、标准色彩、专用字体等；二是应用规范，主要包括办公事务、宣传识别、户外环境系统等。在这两套规范的作用下，企业不仅可以提高品牌的识别度，打造一个统一的视觉形象，而且可以推动品牌的视觉形象与国际接轨，做到现代化、国际化。

◆基本要素

企业视觉识别系统包含八大要素，如图6-4所示。

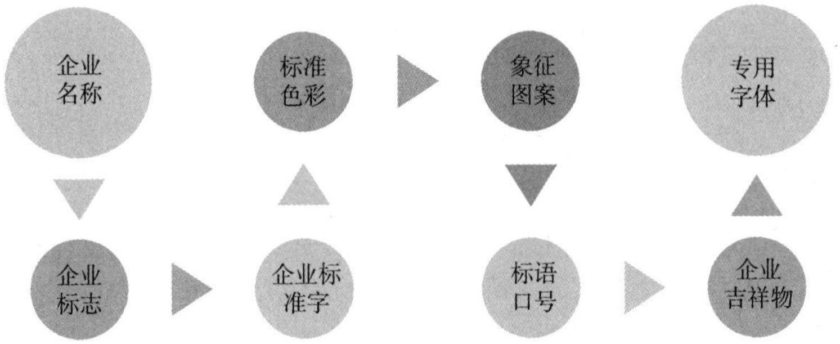

图 6-4　企业视觉识别系统的八大要素

（1）企业名称。企业名称直接影响着企业形象的塑造，是视觉识别系统设计的前提，主要使用文字来表现识别要素。企业名称设计要注意以下三点：第一，企业名称必须反映企业的经营理念；第二，企业名称要具有一定的独特性，容易识别、读取，音韵和谐、朗朗上口；第三，如果使用文字，要注意文字的简洁性、国际性，可以非常方便地翻译成外语，而且不会引发错误联想。

（2）企业标志。作为一种特殊的识别符号，企业标志要利用简单的造型与生动的形象传递企业文化、品牌理念、产品特性等信息。从这个层面看，企业标志就是企业的象征，是企业视觉识别系统设计的核心与基础。企业标志设计要做到以下三点：第一，具有较强的视觉冲击力；第二，表达独特的个性，彰显一定的时代感；第三，广泛应用于各种媒体，可以与其他工具相互配合进行宣传。

（3）企业标准字。企业标准字要根据企业名称、地址、品牌名称等要素进行设计，可以使用中文、英文和其他字体，具体要求如下：第一，标准字的选择要具有明确的说明性，可以直接传达企业或品牌的名称，强化企业形象，提升品牌的诉求力；第二，根据使用场景选择使用全称或者简称；第三，字形正确，线条粗细得当，笔画结构简洁清晰，富有美感，便于识读。

（4）标准色彩。企业标准色彩是企业专用的某一种特定色彩或一组色彩的统称，可以在所有视觉传达设计的媒体上应用，通过色彩的知觉刺激功能让受众对企业的经营理念、产品特质、企业文化、精神理念等产生更深刻的理解。在企业的视觉识别符号中，标准色彩具有强烈的识别效应，要根据企业属性进行选择，突出企业与同行业其他企业的区别，创造出与众不同的色彩效果。一般来说，企业标准色彩的选用要符合国家标准，使用的色彩不宜过多，不能超过三种。

（5）象征图案。象征图案的主要功能是配合视觉识别系统的其他要素应用于各种媒体，要体现企业精神，强化受众对企业形象的认知。象征图案的设计不仅可以丰富视觉识别系统，使企业形象更完整，更容易识别，而且可以表现一些深层次的内容，让企业的视觉符号系统更有深意。具体来看，在表现形式上，象征图案设计要尽量简单抽象，既要与标志图形形成对比，又要保持一定的和谐性。

（6）标语口号。标语口号是企业根据营销活动或理念总结的一套文字宣传标语，可以体现企业的经营思想与理念。企业标语口号设计要尽量做到文字简洁、易读易记。企业标语口号设计得当，对内可以产生激励作用，鼓励员工为了实现企业的发展目标努力奋进，对外可以起到宣传作用，向受众精准地传达企业的发展目标，提升企业在受众心目中的形象。从整体来看，企业标语口号设计的主要作用在于完善受众对企业形象或品牌形象的认知，让受众在瞬间视听中对企业经营思想有一定的了解，对企业或品牌形成记忆。

（7）企业吉祥物。企业吉祥物具有双重属性与作用：一是建立在企业内涵基础上的文化属性，可以用来体现品牌性格，树立品牌的差异化形象；二是建立在商业流通基础上的产品属性，可以作为一种流通媒介，引发消费者的情感共鸣。为了实现上述两大目标，企业吉祥物设计要遵循四大标准，如图6–5所示。

第一，体现企业性格。设计人员在设计吉祥物之前要充分了解企业文化与品牌内涵，将企业想要表达的性格特征提炼出来，为后续的吉祥物设计提供源源不断的灵感。

第二，符合大众审美。降低被大众接受的难度，以达到品牌宣传的目的。

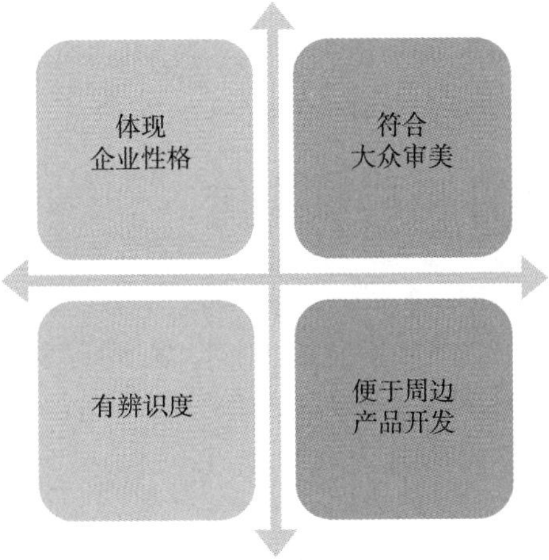

图 6–5　企业吉祥物设计的四大标准

第三，有辨识度。随着企业吉祥物越来越多，只有具备一定的辨识度才容易被受众准确记忆，不会与其他企业的吉祥物产生混淆。

第四，便于周边产品开发。如玩偶、家居用品、办公用品等，为后续品牌推广奠定良好的基础。

（8）专用字体。专用字体是企业视觉识别系统设计使用的文字、数字、产品名称、对外宣传文字等的统称，需要进行统一设计。具体来看，专用字体主要包括为企业产品设计的标识字、为企业的对外活动设计的标识字、为各种类型的广告设计的刊头与标题字体等。

第7章
品牌信任：提升顾客满意度

品牌信任：给消费者提供安全感

建立品牌信任是品牌营销的重要任务之一。对于品牌来说，获得消费者的信任不仅可以降低信息沟通成本，而且可以为后续的营销推广、业绩提升奠定良好的基础。消费者对于自己信任的品牌往往会生出无条件的信任，全盘接收品牌发布的推广信息，积极响应品牌号召，做出购买行为。因此，企业应该高度重视品牌塑造，树立良好的品牌形象，获得更多消费者的信任。

从本质上看，品牌就是一种稳定的信任机制，其核心是消费者对品牌长久、稳定的信任。如果没有这种稳定的信任关系做基础，品牌与消费者的关系就很容易断裂。消费者对品牌的信任不是凭空产生的，也不是企业的自我评价，更不是某个机构直接赋予企业的，而是消费者通过对品牌进行深入研究，将品牌与同类品牌进行反复对比之后做出的决定。

消费者对品牌信任机制的形成非常不容易，前期需要对产品质量与服务、企业行为与形象进行全方位了解，后期需要不断维护、巩固，保证这种信任机制可以长久存在，对品牌营销与发展产生积极的推动作用。

◆什么是品牌信任

从20世纪末开始，业内人士就开始对品牌信任问题进行研究。简单来说，品牌信任指的就是消费者在选购商品时，从某个品牌处获得的心理安全感。具体来看，品牌信任包括两大内容，如图 7–1 所示。

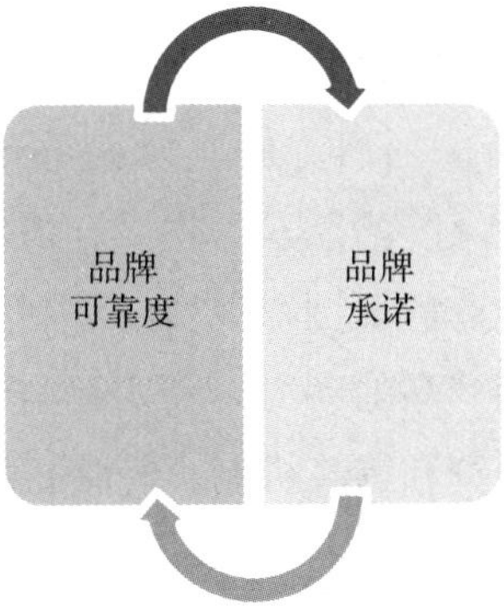

图 7–1　品牌信任的两大内容

（1）品牌可靠度。品牌信任是品牌可靠性的重要体现，指的是一个品牌应该有较强的实力影响消费者对商品的需求以及最终的购买决策。品牌实力可以通过品牌声誉与品牌竞争力等表现出来。无论是在国内市场还是在国际市场，品牌想要占据一席之地，必须形成自己独特的竞争优势，树立较强的影响力。

例如，乐百氏纯净水之所以能够在纯净水行业中占据领先地位，主要是因为“27 层净化”带给消费者极大的安全感，让消费者感受到了品牌的用心与品质；金利来男装之所以能够在男装行业独领风骚，主要是因为其独特的品牌理念与精神内涵——“金利来，成功男人的象征”。由此可见，品牌想要获得消费者的信任，必须在物质层面或者精神层面占据一定的优势，即要么满足消费者对产品的功能需求，要么满足消费者对品牌的精神追求。

（2）品牌承诺。从某种程度上说，品牌信任就是品牌对消费者的承诺，所以从外部形象到产品与服务的质量都应该对消费者负责，让消费者放心。如果企业违背承诺，做出有损消费者利益的行为，必然会导致品牌声誉受损，消费者的品牌偏好发生转移。因此，在信任关系建立之后，品牌必须注重承诺，保证产品与服务的质量，维护与巩固这种信任关系。

◆企业品牌信任的形成模式

在过去与品牌信任有关的研究中，研究重点主要集中在营销内容方面，以产品质量以及引发风险的因素为主线。消费者品牌信任的形成需要经过一段较长的时间，企业需要围绕消费产品制订营销策略，具体包括产品营销预算、消费者购买产品的动力以及实际购买能力，根据消费者品牌信任特征建立产品营销预算和计算机制、转移机制、经验机制等，建立健全品牌信任模式。

- 计算机制指的是消费者基于对自身收益的精准计算做好风险防控，对可能发生的数值进行合理掌控，将风险发生概率降到最低，对得失情况做出精准计算。
- 转移机制指的是消费者基于实际情况将自己不太了解的物品出让给其他人，维护对品牌的信任。这个过程也体现了消费者与企业的互动，可以帮助企业对市场做出全方位掌握。
- 经验机制指的是在品牌发展过程中，消费者对品牌的了解程度。例如，消费者在购买某款产品之前会对产品质量、顾客反馈进行调查研究，然后才会做出购买决策。

企业开展营销活动的终极目标就是加强品牌与消费者的联系，让更多消费者认识品牌、了解品牌，对品牌产生信任，在目标消费群体中形成良好的口碑。众所周知，品牌形象会在很大程度上影响消费者对品牌的满意度。因此，为了提高消费者的满意度，在竞争激烈的市场上获得长久发展，品牌必须努力整合各种资源以树立良好的形象，获得消费者的认可。

从客观角度来讲，对于企业来说，与消费者建立长期稳定的信任关系是实现可持续发展的重要保障。因此，企业要将建立品牌信任视为重要任务，为未来的市场发展奠定良好的基础。

四大维度：品牌信任的影响因素

消费者品牌信任的建立要求企业不仅要深入理解品牌信任的内涵，还要对影响品牌信任的因素进行全面分析，增强消费者对品牌的信心，提高消费者对品牌的忠诚度。根据国内外学者对品牌信任问题的研究，消费者品牌信任的建立受多种因素影响，具体可以概括为以下四点（见图7–2）：

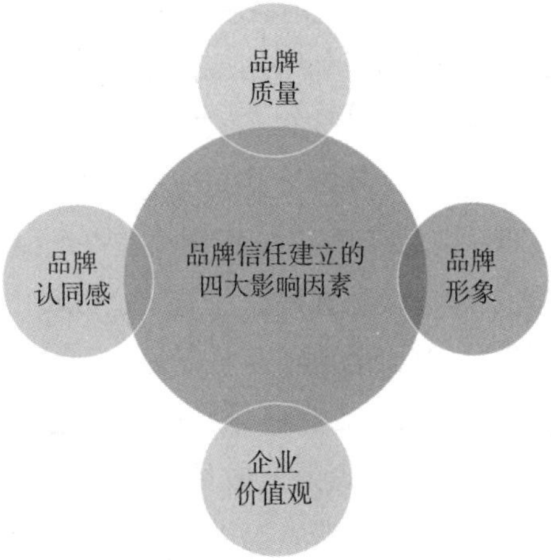

图 7–2　品牌信任建立的四大影响因素

◆品牌质量

品牌质量直接决定着消费者对品牌的认知，是消费者建立品牌信任的基础。因为消费者购买产品的目的是获得某种实用功能，品牌只有凭借优质的产品或服务满足消费者的这一功能，才能获得消费者的信任。从某种程度上说，质量就是企业的生命，是品牌的重要基础与依仗。

品牌质量对品牌信任建立的影响主要体现在商品内在品质、商品性价比和服务质量三个方面。其中，商品内在品质最重要，是品牌获取消费者信任的关键。但很多时候，消费者无法对商品的内在品质做出直接判断，只能通过业务人士推荐、用户反馈、商品返修率等外在因素进行判断。除此之外，产品价格与性价比的高低、服务周到与否等都会对消费者建立品牌信任造成影响。

◆品牌形象

品牌形象是社会大众对品牌存在形态的反映，是社会大众对品牌的概括与评价。一般来说，良好的品牌形象可以增强消费者对品牌的认知，拉近消费者与品牌的关系，提高消费者购买的积极性，并且可以对内部员工产生一定的激励作用，让其获得一定的荣誉感。因此，品牌要集中各种资源加强对品牌形象的培育，形成良好的口碑。想要做到这一点，企业必须提高自身实力，做好外观设计，疏通各种渠道，做好品牌宣传。

（1）品牌要积极开展营销活动，拓展市场，提高市场占有率，提升产品的创新能力，构建良好的品牌形象，获取竞争优势。

（2）加大创新力度，做好外观设计，通过独特的外观给消费者留下深刻的印象，让消费者形成有效记忆，从而树立良好的品牌形象。

（3）加强渠道关系建设，处理好企业与渠道成员之间的关系。品牌商品流通必须借助一定的渠道，渠道丰富且畅通，商品的销售效率就高，反之商品可能出现滞销。为此，品牌必须注重渠道建设，明确企业与供应商、代理商、批发商、零售商等渠道成员之间的责任。如果商品出现问题，一定要及时明确责任，为消费者提供解决方案，共同维护品牌在消费者心目中的形象。

（4）借助多种传播方式，如广告、新闻报道等，对商品进行全方位宣传，以扩大商品的影响力，为品牌信任的建立创建良好的舆论环境。

◆企业价值观

前面提到，品牌信任其实是一种承诺，为了履行承诺，品牌要将“服务至上、客户至上”的理念传达给消费者知晓。

在传播企业价值观方面，星巴克形成了一套比较成熟的模式，并且从中获得了巨大好处。一直以来，星巴克都秉持着“利用优异的服务品质管理，建立起顾客对星巴克的品牌信心”的经营理念，顾客前去星巴克享受到的不仅是一杯浓香的咖啡、美味的甜品，还有幽静舒适的空间、舒缓的音乐以及细致周到的服务等。

在顾客服务方面，服务人员会不定期地为顾客送上“试喝杯”，让顾客品尝新产品。一些店铺还开设了“咖啡课堂”，定期邀请咖啡爱好者沟通交流，通过这种方式培养消费者对咖啡的热爱，升级消费者的消费理念，吸引更多潜在消费者。

◆品牌认同感

品牌想要获得消费者信任，必须让消费者从心理上认同并接纳自己。因此，品牌策划、设计与宣传必须立足于目标受众群体所处的社会环境，对消费者对品牌的接纳程度进行充分考虑。

以“康师傅”这个品牌为例，在进入大陆市场之后，为了获得更多消费者的认同，企业管理层对大陆消费者的消费心理进行深入分析，最终将“健健康康”的生活理念与“师傅”这个亲切的称谓联系在一起，创造出了“康师傅”这个品牌。

信任背书：如何提升顾客忠诚度

消费者品牌信任建立的最后一步就是提升顾客的忠诚度，尽可能长久地维持顾客对品牌的信任。在未来的品牌营销过程当中，品牌战略的关键就是顾客的忠诚度。那么，品牌应该如何提升顾客满意度？

◆提高顾客满意度

企业经营活动要坚持以让顾客满意为目标，站在顾客立场上，对顾客需求进行全方位挖掘，具体来看要做到以下六点（见图7–3）：

（1）树立顾客至上的服务理念，努力提升顾客忠诚度与满意度，通过这种方式获得顾客的好感，为建立品牌信任奠定良好的基础。

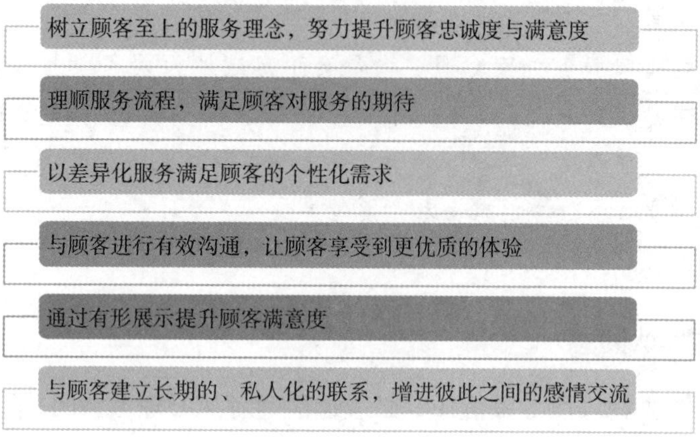

图 7–3　提高顾客满意度的六大措施

（2）理顺服务流程，满足顾客对服务的期待，甚至让顾客感受到超出预期的服务体验。如果不能做到这一点，就要重新设计服务流程。

（3）以差异化服务满足顾客的个性化需求，要求企业对目标市场及目标消费群体进行细分，精准识别顾客需求，根据顾客需求调整产品结构与服务内容，利用差异化的产品与服务满足更多顾客的个性化需求，提高顾客的满意度。

（4）与顾客进行有效沟通，让顾客享受到更优质的体验。企业不仅要与顾客频繁沟通，而且要开展有效沟通，提高对话质量，重视顾客反馈的每一个问题，认真回答顾客的提问，让顾客感受到被尊重、被重视。

（5）通过有形展示提升顾客满意度。有形展示指的是通过环境展示、设计展示、社交展示等方式向顾客精准地传递产品形象，突出服务功能及服务效用，让顾客更好地感知服务，从而提升顾客的满意度。

（6）与顾客建立长期的、私人化的联系，增进彼此之间的感情交流，奠定良好的感情基础，让顾客获得情感层面上的满足，为后续的产品销售与服务推广奠定良好的基础。

◆降低品牌的可感知风险

面对风险，尤其是可感知的风险，顾客会产生焦虑情绪，会想方设法降低风险或者消除风险。一般来说，可以通过两种方法降低感知风险：一种是增加结果的确定性；另一种是降低结果的损失程度。具体到消费场景就是通过购买名牌、高价产品等达到购买目的，获得退款保证等。对于顾客来说，只有当感知风险下降到可以接受的程度之后，他们才会做出购买决策，如商家承诺的七天无理由退货等。

为了降低感知风险，品牌可以采取的措施有很多：向顾客提供担保、保证退款、收到有缺陷的商品免费退换货等服务；为顾客提供小包装的产品，降低顾客的试错成本；通过专家认证增强顾客购买产品的信心；为顾客提供免费样品，让顾客体验试用；等等。具体来看，品牌降低可感知风险的八大措施如图7–4所示。

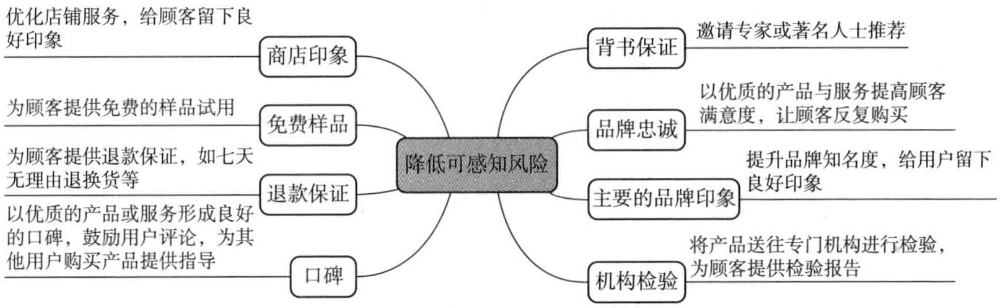

图 7–4　品牌降低可感知风险的八大措施

◆提升品牌的经济价值

品牌的经济价值可以理解为“顾客让渡价值”。顾客让渡价值指的是顾客总价值与总成本之间的差。顾客总价值指的是顾客购买某款产品或某项服务希望获得的利益，包括产品价值、服务价值、人员价值和形象价值等；顾客总成本指的是顾客为购买产品或服务付出的金钱、时间、精神、体力等资源的总称，具体包括时间成本、货币成本、精神成本和体力成本。

在选购产品的过程中，顾客总希望以最少的成本支出获得最大的价值，也就是付出最少的时间成本、货币成本、精神成本和体力成本获得更多实际利益，使自身需求得到最大程度的满足。因此，在选购产品时，顾客往往会对产品的价值和购买产品需要付出的成本进行对比，从中选出“顾客让渡价值”最大的产品，即购买成本最低、实际价值最高的产品。

基于这一逻辑，企业为了在市场竞争中获胜，吸引更多潜在顾客，可以为顾客提供更多“顾客让渡价值”更大的产品，提高顾客的满意度，培养顾客的忠诚度。为此，品牌要采取以下两大措施：

（1）品牌要为顾客提供更高的让渡价值，全面改善生产管理与经营流程。

（2）在具体的营销实践中，品牌要利用系统思维制定营销战略，从整体顾客价值着手，关注实物价值与服务价值，对货币成本、时间成本、精神成本进行综合考虑。也就是说，品牌要从产品、服务、人员、形象四个维度着手，为顾客提供其需要的价值，借此提升整体的顾客价值。

【案例】易太食品：全方位打造品牌信任感

福建易太食品有限公司创建于2006年，从一个6人小作坊发展到占地14亩，拥有各类专业技术人才及员工200多人，集研发、生产、销售为一体的现代化速冻食品企业。本着生产“美味畅销、安全健康、品质稳定”优质速冻食品的宗旨，易太食品不断探索企业发展方向和使命，在易太人不断地努力、拼搏、探索下快速发展、成长，走过了一段传奇的历程。

◆导入品牌视觉VI体系

品牌是一种名称、术语、标记、符号和设计，或者是它们的组合运用，其目的是区分企业之间销售的产品或服务，使其产生差异化，蕴含着企业或品牌特有的价值或情感。没有标志的品牌是不存在的，所有的品牌雏形都是从一个小符号发展而来的，这个小符号随着时间的磨砺会逐渐成长为一个为大家所接受、认可的品牌。

2008年，易太食品企业导入品牌的VI体系，进入品牌化运营阶段，并立志要成为行业的标杆品牌。

◆构建商业智能BI数据体系

当业务发展到一定阶段，单纯的数据监控和统计已经不能支撑业务继续发展，就需要分析产品的用户画像、用户行为、收入构成等，以便运营人员发现运营中的问题，挖掘潜在的机会点。

2010年，易太食品进行内部系统升级，其主要目的是实现更精准的业务洞察，构建BI（Business Intelligence，商业智能）体系。BI体系的关键是从来自不同的企业运作系统的数据中提取有用的数据并进行清理，以保证数据的正确性，然后经过一系列操作得到企业数据的全局视图，在此基础上利用合适的查询和分析工具、数据挖掘工具等进行分析和处理，最后呈现给管理者，为管理者做出决策提供支持。

◆全渠道营销战略

以庞大的BI数据分析为基础，企业能够更精准地了解到当地的市场容量、当地市场客户群体分布、当地品牌销售情况与销售方式。

易太食品构建了完善的BI体系后，依托庞大的市场数据明确业务目标，通过数据整合开展全渠道营销战略。

◆强化品牌信任背书，树立行业标杆

消费者在发生购买行为的过程中，都会遇到一个相同的问题——心智缺乏安全，主要表现为担心承担以下五种风险：金钱风险、功能风险、人身风险、社会风险、心理风险。一旦消费者感觉到购买某产品可能会承受此类风险，就会立即打消购买的念头。因此，企业想要成功售卖产品，首先要赢得消费者的信任，然后打造品牌信任体系，让消费者获得安全感。

易太食品于2012—2013年开始强化品牌信任背书，树立行业标杆：

（1）2012年12月，“易太YiTai及图形”商标被认定为“福建省著名商标”。

（2）2013年2月，“易太+图形牌速冻肉制品”被认定为“福建名牌产品”。

（3）2013年12月，易太被中国厨师协会及中国厨师协会名厨专业委员会认定为“中国厨师协会推荐产品”。

◆明星代言战略

不仅明星自带的“流量光环”可以有效延伸粉丝价值，让品牌知名度得以迅速提升，而且品牌可以借用一部分正能量明星的人格魅力增强消费者对品牌的信任。2015年，易太食品聘请腾格尔作为品牌代言人，增强品牌产品信任感，并引入蚝油牛柳爆款产品战略。

2016—2020年，易太食品实现了品牌倍增的战略成果，之后又制定了新的五年战略目标，向10亿元、20亿元的目标冲刺。

Part 3
爆品打造

导读

爆品意味着更多流量与利润，所以几乎所有品牌的营销活动都想打造爆品，但爆品的打造讲究“天时地利人和”。具体来看，品牌可以从创新营销环境、提升服务体验、做好情感营销等方面采取积极措施。

营销环境指的不仅是购物环境，还包括营销主题、视觉体验、商品陈列等多项内容。第8章从这四大维度出发，结合优衣库的营销实战对营销环境的打造策略进行拆解，帮助读者掌握建筑设计以及室内装修策略，商品橱窗以及货架的陈列方法，购物环境以及购物氛围的营造技巧。

优质的服务可以切实提升顾客的忠诚度，引导顾客做出购物决策，提高爆品打造成功的概率。因此，企业无论在爆品打造过程中，还是在营销过程中都要注重服务的优化，与顾客建立紧密的情感连接，满足顾客的个性化消费需求。第9章结合海底捞打造极致服务的案例对品牌打造极致体验的策略进行详细论述。

情感营销是建立品牌信任、打造爆品的利器。品牌开展情感营销的关键就是赋予品牌某种特殊的身份，实现人格化。第10章结合江小白打造人格化品牌的实战案例，对情感营销的价值进行深入分析，对品牌人格化的具体方法进行全面探究。

第8章
环境创新：激发消费者的购买欲望

创建主题：契合消费者心理需求

体验营销的关键是“体验”，而要为顾客创造良好的体验首先要设置一个内容鲜明的体验主题，企业和营销人员的所有动作都应围绕这一主题展开。主题是对体验营销价值的提炼概括，能够让顾客在最短的时间内明白将要获得怎样的感官和心理体验。

体验主题内容丰富多样，如功能性的、情趣性的、休闲性的、文化性的等。然而不论企业选择哪种体验主题，其根本落脚点都是提高体验营销的有效性，是通过将体验活动概念化，让消费者更直观容易地理解和记忆体验活动，形成鲜明良好的企业形象。

因此，体验主题的内容要契合社会发展趋势和消费者的心理情感需求，要通过对事件、场景和体验活动的个性化设计激发顾客的好奇心和体验欲望，带给顾客精神上的享受，从而引起顾客的心理情感共鸣，与顾客建立情感连接与信任关系。

以被誉为“亚洲体验之都”的正佳广场为例，在“超前30年，体验式主题购物乐园”设计理念的引导下，正佳广场每周都会举办三四场以汽车、娱乐、电视等为主题的活动，通过多种方式鼓励消费者参与互动，构建出一种良好的营销氛围，并与消费者建立起连接交互关系，从而激发消费者的心理情感共鸣，让消费者产生更多购买行为。

此外，每年黄金周期间，正佳广场都会与商家一起围绕特定主题策划一系列极具吸引力的营销活动。

如2006年国庆假期，正佳广场举办了首届“正佳时尚节”，进入“美在花城”总决赛的20位佳丽向人们呈现了一场精彩的服饰品牌秀，有效激发了到场消费者的购买欲望。又如，春节期间，正佳广场举办了“新春嘉年华”主题活动，邀请来自北京的12位民间艺术家进行了连续八天的绝活表演，每天六场，总共吸引大约15万人次到广场观看。借此，正佳广场的客流量同比增加两成，近百家主力店和明星店铺的销售业绩提高了20%～60%不等。

主题是给消费者带来良好体验的基础。在确定有助于提升消费者体验的主题时，需要营销人员对多种要素进行自由组合及搭配。体验需要在顾客心中留下深刻印象，这样才能确保营销效果，而通过主题将顾客心中产生的各种印象串联起来，往往能够对消费决策产生直接影响。新奇、动感等对强化顾客印象具有良好效果，在设计主题时，营销人员可以将这些要素融入其中。

以美国的热带雨林主题餐厅为例，在强化顾客对热带雨林印象的过程中，营销人员设计了很多让人眼前一亮的活动项目，例如，在营造热带雨林中的雾天体验时，顾客首先听到的是刺声，然后会看到雾从周围的岩石中蔓延开来，当裸露的皮肤触及雾气时，还会产生清凉与舒爽的感觉，接着还会闻到热带雨林的独特气味。通过持续的刺激，顾客很容易产生身处热带雨林中的感觉。

从众多实践案例来看，无论企业选择何种类型的主题，最关键的是掌握顾客的心理需求，并在主题中将其表达出来。这需要营销人员充分感知顾客需求，发挥自己的想象力与创造力，丰富自身的知识体系，了解不同地域、民族的文化与消费理念，这样才能设计出满足顾客需求的体验营销主题。

从体验营销的视角来看，体验主题是对体验活动价值的高度概括，不仅有助于激发消费者的心理情感共鸣，获得他们的认同，还有利于塑造鲜明的企业或品牌形象，建立与顾客的情感连接。需要注意的是，企业一旦确定了体验主题，后续的各种营销动作和体验活动都应围绕该主题展开。

建筑设计：提供独特的视觉体验

企业通过实施体验营销，能够满足消费者的体验需求，通过向消费者提供优质的产品与服务，增进消费者与企业之间的联系。从商品性质上来说，体验与服务存在共性，即两者都是无形的，不同之处在于，体验是指用户在知识、情感层面获得的感受，这种感受是一种内在形式，而服务则表现为外在形式。

在具体实施过程中，企业会对消费者的行为模式进行分析，注重从各个阶段满足消费者的体验需求，增强与消费者的情感联系，并针对消费者的个性化需求为其提供相应的产品与服务。零售业要与终端消费者交互，消费者的体验显得尤为重要，为此，企业要注重体验营销策略的应用与实践。

◆建筑设计中的体验营销策略

对零售企业而言，建筑设计主要是指建筑物风格、招牌设计、店面设计等，良好的设计能够有效聚焦消费者的目光。因此，采用体验营销模式的企业需要在这方面体现自身的独特性，刺激消费者的感官认知，使消费者获得深刻的体验从而记住品牌。

许多因素都会对零售业的建筑风格产生影响，如商铺面积、具体类型、企业所在地区的建筑规划及当地的整体风格要求等。所以，零售企业在进行风格选择时，要遵循当地的规划要求，并在此基础上突出自身的差异化特征，体现不同于其他同类企业的建筑风格，给顾客留下深刻的印象，让顾客将自己的建筑视为当地的方位标识。

以店铺的开放程度为标准来划分，零售企业的店面包括以下几种类型：封闭型店面、半封闭型店面与全开放型店面。店面的开放程度不同，带给消费者的视觉体验也不同。聚焦于视觉营销的企业在进行店面设计时，不仅要给消费者带来良好的视觉体验，还要结合自身商品的属性与特征，选择恰当的风格。

放置在商铺门口的牌子就是零售企业的招牌，其作用主要是向过往路人出示商铺的名字，让消费者了解店铺的经营范围。从法律层面来讲，招牌即为商号，商号包含多个组成部分，如文字、图案等。招牌有不同的呈现形式，有的是横幅，有的是竖幅，有的以匾额形式挂在门上，有的则是牌坊形式等。店铺的招牌能够简明扼要地概括其业务类型，是店铺形象的重要体现，能够带给消费者独特的视觉体验。

◆装修创新中的体验营销策略

对零售企业来说，人工照明与色彩设计是装修过程中的主体部分。零售企业在进行店铺装修时，要尤其注重照明与色彩的选择与设计，充分认识到这两者的重要性。如果店内呈现出良好的灯光效果，并以恰到好处的色彩烘托店内氛围，就能将商品的优势更好地展现给顾客，吸引消费者的目光，并从情感、心理层面打动消费者，刺激其消费需求，促使其做出消费决策。

零售企业的人工照明包括两类：外部照明与店铺内部照明。经营者在进行外部照明设计的过程中不仅需选用合适的光源，还要结合色彩的应用，以灯光及色彩突出店铺的美观效果。因此，外部照明设计的基本作用是为店面打光，美化店铺周围的环境，并营造出热烈的氛围，让店铺在夜间更加光彩夺目。

为此，企业可选取霓虹灯、彩灯、洗墙灯等进行装饰，用以吸引过往路人到店内进行体验，如图8-1所示。店内的灯光布置不仅要发挥照明作用，还应进一步体现商品的优势，吸引消费者购物。商家需重视光源选择与灯具挑选，使两者相互配合，共同营造良好的店内氛围。

图 8–1 建筑物外部灯墙设计

除了光源及灯具外，商家还可选择不同的照明方式。举例来说，聚射方式能够重点突出店内摆放的商品，散射方式能够柔化整体的光线呈现效果。另外，还应将电源体藏好，在满足店内基本照明需求的同时，能够做到烘托商品，并保护消费者的眼睛，使其处于舒适的状态下，便于消费者浏览并选择商品。

此外，还要结合色彩的应用促进产品销售，突出商品的特征。对于货架、柜台的灯光设计，要注重色彩搭配，进一步凸显商品原本的特征，而不能喧宾夺主，给消费者造成视觉上的误差。此外，店内的顶棚、隔断、货架等色彩应保持和谐统一，共同致力于为消费者打造愉悦的现场购物体验。

如果商场规模较大，分为不同楼层或商铺，企业则可以参考商品种类，对不同楼层、不同商铺的风格进行有效区分，通过营造多样化的风格来保持对消费者的持续吸引力。同时，品牌要根据自己的标准色彩或整体风格进行店铺设计，避免个体与整体产生冲突，带给消费者不和谐的视觉体验。

购物环境：营造愉悦的环境氛围

现阶段，消费者对高品质生活的向往之心与日俱增，并希望在购物过程中获得良好的消费体验。针对这种情况，企业要注重环境设计与氛围营造，致力于给消费者留下深刻的印象，并在营销过程中融入更多娱乐化元素。在具体设计过程中，设计师要从店内整体布局、商品摆放、灯光效果、音乐风格、整体调性等方面出发进行规划，如有必要，还要进行橱窗设计。在这个过程中，企业要熟悉自身商品的特点，对消费者的相关信息进行把握，营造符合消费者品位的环境，从而提升消费者的整体购物体验。

对于零售企业而言，环境创新主要是指店内布局与环境设计方面的规划与安排。店内布局即商铺中的空间设置与通道分布；环境设计即销售现场的景致搭配与布置。

零售企业在进行售货空间与通道布局的过程中，应该重点考虑买卖双方之间的互动关系，使消费者获得良好的体验，增加商品的吸引力，激发顾客的消费需求，促使其做出购买决策。在进行通道布局时，企业要从消费者的角度出发，为其在店内浏览商品提供便利条件。另外，还要重视不同消费者之间的互动，为其沟通交流提供支持，便于消费者之间互相推荐商品。

商场景点最初兴起于海外国家，近年来国内零售企业纷纷效仿，开始在商铺内进行景点设置，很多大中型零售商场都将其视为重要的营销手段，旨在通过景点设置吸引更多消费者的目光。在具体实施过程中，企业会在店内及商场周边搭建精心设计的景点，为消费者营造愉悦、舒适的购物环境，适当地引入娱乐化元素，满足消费者的精神需求，用场景打动消费者，如图8–2所示。

体验营销是从顾客的心理与情感角度切入，通过搭建一种轻松愉悦的体验场景，增强顾客对产品或服务的认同，进而影响顾客的消费决策，引发其购买行为。因此，环境设计是体验营销的重要一环，商家应搭建符合顾客心理与情感体验需求的良好环境，让顾客在听、看、嗅、摸等各种感官动作中产生一种亲切感、舒适感、愉悦感和认同感，通过优质的场景体验增强商品或服务的主观品质，获得顾客信任、青睐，将普通顾客培养成高忠诚度顾客。

图 8–2 某商场内部的热门拍照景点

仍以房产销售为例。一个很明显的现象是，所有房产开发商都会对售楼处进行精心布局与环境设计，不仅在地理位置选择、内部陈列与布局等方面下功夫，甚至还会考虑内部灯光、背景音乐、物品摆放等细节对客户消费决策造成的影响，通过搭建一个温馨、轻松、愉悦的沟通场景，增强购房者的愉悦感和舒适感，让他们在美好的场景体验中更加认可产品。

在汽车销售中，商家就是通过良好的环境设计与布局为客户创造了一种舒适愉悦的购物体验，通过优质的场景体验增强汽车产品的主观质量，获得顾客的认同，引导顾客做出购买决策。如汽车4S店内播放的美妙音乐、整洁高雅的内部布置、免费的茶点糖果、热情微笑的服务人员等，都会让顾客在店内考察选购产品以及沟通互动时获得一种舒适自在的场景体验，从而在潜移默化中接受并认同产品，产生购买冲动。

任何营销活动都需要相应环境条件的配合才能发挥出最大的效果，以顾客为中心的体验营销活动更是如此。例如，店内环境布置要优雅舒适，让顾客感到轻松自在；服务人员的言谈举止要亲切友善，让顾客产生亲近感；设置临时休息座位，让疲惫的顾客稍事休息，延长其在商店内的停留时间；为行动不便的顾客（老人等）提供细致周到的服务；为需要帮助的顾客提供耐心解说和良好的导购服务；等等。

商品陈列：触发顾客的购买动机

商品陈列主要包含两个部分，即橱窗陈列与现场陈列，前者通过店铺的橱窗向过往行人展示商品，后者通过商铺中的柜台及货架进行商品陈列。

店内装饰能够对橱窗陈列与店内陈列效果产生重要影响，其中，橱窗陈列受到的影响尤为突出。消费者走近店铺时，首先看到的就是橱窗，良好的橱窗设计，注重色彩搭配、氛围营造，追逐时尚潮流，艺术价值较高，能够成为街道上的亮点。众多橱窗紧密排列，让城市商圈具有浓厚的现代化气息。

橱窗中展示的多样化商品代表着整个市场的生机与活力，具有娱乐化特征的主题既能向消费者提供商品信息，还能帮助身处生活、工作压力下的都市人放松心情，使其获得愉悦的精神体验。

店内的商品陈列，不仅能够进行产品展示，还能发挥装饰作用，烘托店内的整体氛围，体现整体的艺术价值，带给进店顾客以美的享受与体验。经营者也可采用统一主题进行商品展示，在售货现场摆放趣味性商品，吸引消费者参与互动体验。总之，成功的商品展示，既符合消费者的审美需求，又能使其获得精神层面的满足。

店铺商品陈列就是为了展示商品，所以，商品陈列最关键的就是表现商品。商家要将商品信息进行全方位展示，方便消费者在浏览过程中快速找到自己需要的商品。为此，经营者需对商品属性及特征进行全面把握，据此选择商品摆放位置与呈现角度，还可采用衬托物来突出商品的优势特征。另外，经营者要科学选择货架上的商品摆放件数，在满足消费者需求的同时节约空间。

店内商品陈列应该体现艺术价值，陈列的商品要与店铺整体的氛围保持一致，并起到烘托作用。商品虽为有形物体，但经过加工处理之后也能呈现出艺术美感，如果商家能够做到这一点，就能带给消费者精神层面的愉悦，刺激消费者的感官与认知，进一步增强其消费动机，如图8–3所示。

图 8–3 创意商品陈列

在进行商品陈列的过程中，经营者要对消费者的心理特征进行有效把握，据此进行商品展示，提高商品对消费者的吸引力，激发消费者的兴趣，聚焦消费者的目光，在此基础上挖掘消费者的内在需求，促使其做出消费决策。所以，经营者不仅要注重对商品陈列方式、样品摆放位置及整体造型的选择，还要重视色彩组合与搭配，使其满足消费者的心理期待。

另外，店铺要提高商品陈列的开放性，便于消费者以直接接触的方式获得真实客观的体验。对于样品造型的选择，经营者要根据消费者的审美需求进行设计，让样品色彩搭配更加协调，凭借艺术价值获得消费者关注，进而激发消费者的购买欲望。

对于陈列设备的选择，经营者还应重点突出商品本身。对于商品的色彩选择，经营者应注重整体的协调性，凸显商品的色彩特征，吸引消费者参与体验，最终实现销售目标。

采用体验营销策略的零售企业应该围绕消费者开展运营，将消费者放在核心位置，注重用户体验的打造，通过为消费者提供良好的体验聚焦消费者目光，实现消费转化。在具体实施过程中，经营者要提高消费者的参与度，让消费者主动进行价值创造。同时，经营者要对消费者的情感需求及心理需求进行分析，通过产品与服务满足消费者需求。

【案例】优衣库：门店设计与商品陈列的细节

优衣库的母公司——日本迅销集团有23条经营理念，其中第一条就是“经营要顺应顾客需求，创造顾客需求”。优衣库全面贯彻这一理念，在门店中设计了很多细节，消费者可能不会发现，但这些细节确实对消费者的购物行为产生了潜移默化的影响。

◆橱窗

优衣库的橱窗陈列一直是业内同行学习的典范。在夏天即将到来之际，优衣库上海淮海路旗舰店结合当季主题，选用太阳、沙滩、遮阳伞、遮阳帽等元素及丰富、鲜亮的色彩对橱窗进行布置，将这些元素错落有致地排列在一起，打造了一个“夏天感”极强的橱窗。

作为一个“快时尚”品牌，优衣库不仅有反应速度极快的供应链，还做到了引领潮流，在下一个季节来临之前就用主推商品布置橱窗，展示下一个季节的穿衣搭配。为了做到这一点，优衣库店铺的员工付出了辛苦的劳作。仍以优衣库上海淮海路旗舰店为例，这个店铺有600多个塑料模特，其中可以旋转的模特300多个，橱窗展示的商品要经常更新，一件商品的展示周期不会超过45天。

优衣库的店铺陈列、货架陈列由专门的部门负责，前者由视觉营销部负责，后者由专门负责卖场布局的部门负责。优衣库总部的视觉营销部门会以月为周期向各个店铺的视觉营销团队发布指示，视觉营销团队会根据指示进行搭配。

◆次序

主题橱窗表示优衣库的商品陈列从店外就已经开始了，之后商品陈列的重点就是入口了。一般来说，快时尚品牌线下门店的入口都会陈列一些当季热卖服装，整体效果以开阔、视野好为佳，其目的是吸引顾客进店。顾客进店之后，按照门店事先规划好的路线及品类分区行进，就会毫无察觉地进入品牌布局之中。

这里需要注意一点，ZARA、C&A、优衣库等几大快时尚品牌的商品陈列方式各有不同。例如，ZARA的商品陈列方式是主题式分区陈列，它按照主题将风格迥异的衣服、饰品放在同一个区域，以免产生不和谐感；C&A则按照生活方式进行场景式分区，将各种场景与商品相结合，为有着明确购物目标的消费者提供方便。

优衣库的店面规划则遵守了效率原则，以“长通道+小格子”的方式进行分区，在最大程度上提升了卖场空间的利用率。仓储式的陈列方式不仅凸显了“自助购衣”的品牌定位，还从视觉层面让消费者对优衣库店面产生了丰富的印象。

如在夏秋之交，优衣库店内出现了夏秋两季的服装，这两个季节的商品按照从夏装到秋装的顺序依次陈列在从入口通往卖场的长通道上，颜色由浅入深，从冷色系到暖色系。具体按照光谱顺序——红橙黄绿青蓝紫从前到后排列，花纹则是按照单色系、波点、条纹的顺序陈列，如图8-4所示。

图8-4 优衣库商品陈列的“色彩哲学”

裙子或者一些时尚感比较强的衣服的陈列则不需要遵守这个原则。优衣库卖场的服装陈列还有一个原则，就是“将最有魅力的服装放在卖场深处，吸引顾客深入卖场”，这就是很多服装专卖店将收银台放在店铺深处的原因。

◆陈列方式

任何一位走进优衣库店铺的消费者都会被它的“T恤墙”吸引。

优衣库卖场中有PP（Point of Sales Presentation）区，也就是要点陈列区，每一位进入店铺的消费者最先看到的就是这个区域，优衣库会在这里放置当季的主打商品。为了让PP区显得标新立异、具有震撼力，优衣库会将常规款的纯色商品集中放在这个区域。

PP区的商品陈列法则是从上到下，尺寸从大到小。至于展架上每一摞T恤的数量，优衣库也做出了明确的规定，每一摞摆放15件T恤。这个数量既能充分地利用展架空间，又方便店员统计，如图8-5所示。

图8-5　优衣库的“T恤墙”

与这些基本款式、经典款式的服装不同，那些以彩色图案为主，表现流行文化的服装多使用挂放方式展示，而且服装挂放也有诀窍。

根据人体自然规律，通过对消费者行为进行研究，服装行业存在“黄金陈列线”，即与人的水平视线齐平，距离地面90～120厘米高度的陈列空间。具体到货架上应该是货架的第二、第三层，这个位置陈列的商品顾客最容易看到、拿到，所以这个位置被称为“最佳陈列位置”。

而优衣库又根据男女差异对“黄金陈列线”进行了细化，将男性的“黄金陈列线”确定为85～140厘米，将女性的“黄金陈列线”确定为75～130厘米，要求服装挂放在这个位置，方便顾客观看、拿取。

另外，优衣库还对服装挂放的间距做出了明确规定。例如，真丝连衣裙等重点商品在挂放时要留出3厘米的间隔，这种稀疏的陈列会营造一种更加清爽的视觉效果，美化顾客的观感，减小商品展示带来的库存压力。

第9章
服务体验：创建品牌忠诚度的利器

极致服务：优化顾客的购物体验

近年来，市场经济已形成了较为稳定的格局，国内零售市场的开放程度逐渐提高，给国内传统零售行业的发展带来更多挑战。与此同时，电商的出现及快速发展进一步突破了商品经营所受的时空束缚，众多国内外商家在市场上展开激烈角逐。在这种情况下，传统零售企业必须采取有效措施来突出自身产品的差异化竞争优势，在实现商品销售的基础上提高消费者的黏度。

站在消费者的角度来分析，随着经济的发展，人们的消费能力逐步提高，除了注重商品的基本功能之外，也越来越关注自身的个性化需求。所以，对于身处互联网时代的消费者来说，除了商品价格外，其他因素也能对其消费决策产生影响，因此，商家只有立足于消费者的心理及情感，才能让自身的产品得到认可，让企业品牌得到消费者的信赖。

为此，企业必须在产品运营过程中注重品牌打造，结合环境因素激发消费者的情绪反应，让其产生独有的体验。在与网络零售企业较量的过程中，传统零售企业应充分发挥自身优势，通过为消费者提供优质体验来体现自身的竞争实力。

按照时间段来划分，企业向消费者提供的服务主要包括销售过程中的服务与售后服务两种。从消费者的角度来看，商家输出的服务也是影响他们购买决策的重要一环。

因此，企业要在售前、售中、售后各环节为顾客提供人性化的贴心服务，通过深度持续的沟通互动与顾客建立情感连接，让顾客获得美好的心理情感体验，如图 9–1 所示。在顾客选购产品的过程中，销售人员要积极主动地向顾客介绍产品信息，及时回答顾客的问题，帮助顾客做出更合理的消费决策，优化顾客的购物体验。

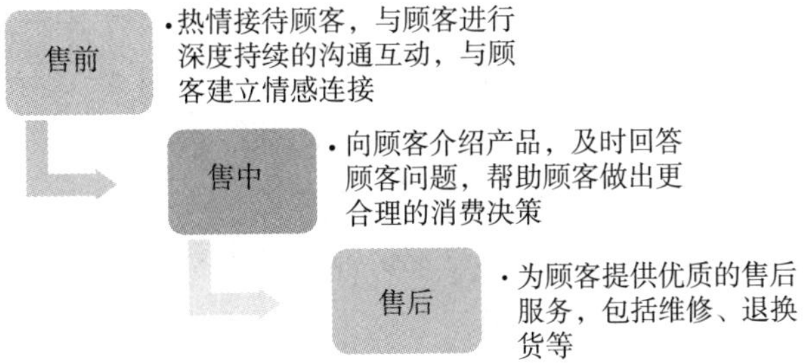

图 9–1　企业优化顾客体验的三大阶段

在售后服务方面，企业能否及时回应消费者，服务提供者的工作态度以及服务效果都是影响消费者体验的重要因素。其中，商品销售之后的维修、退换货服务是售后服务的重要组成部分。为了带给消费者良好的体验，企业需要建立相关的制度保障，提高工作人员的专业素质。

以海尔为例，一位广州地区的顾客购买的冰箱制冷出现了问题，于是拨通了包装箱上的售后电话，向客服人员说明情况，并希望厂商在半个月内上门维修。令这位顾客吃惊的是，第二天就有专业维修人员上门服务，经过一番交谈，顾客知道维修人员是乘坐高铁连夜赶来的，不到一个小时，冰箱故障问题就得到了有效解决。

这位顾客被海尔的极致服务所感动，并在朋友圈内对此次经历进行了分享。正是通过这种完善的售后服务，海尔才能在国内甚至国际市场中赢得大量用户的认可与信任，成长为家电行业的巨头企业。

同时，顾客购买了产品并不意味着营销活动的结束，零售企业还应积极提升售后服务水平，在交易结束后与顾客保持沟通，及时了解顾客的想法和问题，提高顾客满意度，并借此与顾客建立情感连接和信任关系。

企业在产品销售过程中向消费者提供的服务，其最终效果取决于导购人员的专业素质、服务态度、服务效率与店内环境等因素。先进技术的应用进一步丰富了产品的功能，有些功能是消费者之前从未接触或了解较少的。针对这种现象，导购人员需要及时为消费者答疑解惑。导购人员除了要具备专业工作能力之外，还应该掌握行为学、心理学相关知识，能够对消费者的心理状态进行有效分析，据此采取能够迎合消费者需求的营销措施。

在这个过程中，导购员以面对面的方式与消费者直接接触，他们的语言及行为会对消费者产生直接影响。当消费者犹豫不决时，导购员的一举一动、语言中传达出来的关键信息都可能促使消费者下定决心。所以，企业要注重对导购人员的管理，要使导购人员认可、信赖自己的产品，以提高其工作积极性，促使导购员以更加热情的态度投入到日常推销工作中，为顾客提供高质量的服务。

在实施体验营销的过程中，企业要与消费者进行有效沟通互动，认真听取老顾客的意见与建议，发现自身产品及服务中存在的问题，进行产品优化。另外，企业通过与新顾客沟通，能对市场需求变化进行把握，及时调整自身运营状况，提高自身的应对能力。

在围绕消费者需求开展运营的过程中，企业还可根据群体共性特征有针对性地推出产品或服务，体现对消费者的重视，进而增强消费者的黏性。企业要注重抓住消费者的情感与心理需求，将消费者放在核心位置，主动与消费者交流互动，拉近消费者与企业之间的情感距离，从而保证企业的营销效果。

情感连接：迅速占领消费者心智

在互联网消费环境下，产品、技术等“硬件”很容易被复制模仿，使企业陷入同质化竞争，服务却可以帮助企业实现个性化与差异化，为品牌注入独特价值，从而有效吸引消费者。因此，在体验营销过程中，商家应高度注重服务环节，真正从顾客角度出发，结合自身产品特质为顾客提供人性化、差异性的服务，优化顾客整体消费体验。

在以消费者为中心的体验经济时代，体验营销将成为主流的营销模式之一。企业应充分满足顾客多层次、多元化的心理与情感体验诉求，不断优化顾客购物体验，触发顾客的消费行为，让顾客在良好的体验中形成对商家的认可与信任，从而培育一批高度忠诚的粉丝。

服务是企业为顾客提供的一种无形的商品，对用户体验的影响非常大。在同质化竞争日趋白热化的当下，企业仅通过产品很难吸引消费者。人们可以通过线上线下多种渠道购买满足自身需求的商品，在多元化选择面前，通过优质服务吸引顾客就显得十分关键。

◆借助有效的感官刺激增强消费者体验

人们在购物中享受到的乐趣主要来源于视觉、听觉、触觉、味觉及嗅觉五大感觉，而且获得的感觉越丰富，体验就会越完善，制定消费决策时也会越安心。由于电商提供的感觉仅限于视觉和听觉，像家电、家具、食物等更强调实际体验的产品，人们更倾向于线下购买。所以，在体验营销的过程中，企业应尽可能地让用户获得更完善的体验。

当然，由于产品性质不同，消费者购买商品时侧重的感觉也有所不同，要求营销人员在开展体验营销时做出灵活调整。例如，服装明显偏向于视觉和触觉，其中触觉很大程度上是由服装材质决定的，营销人员能够发挥的空间相对有限。所以，营销人员就可以将精力集中到视觉方面，如颜色搭配、灯光、货架档次等。

化妆品主要是触觉，嗅觉（除了香水外）和视觉影响相对较小，在开展体验营销时，营销人员应鼓励顾客积极试用，这需要营销人员展示出优雅的待客礼仪以及细致的专业讲解。香水同时注重视觉和嗅觉，高档的包装设计，符合顾客心理的试闻体验，会对销售产生极大的促进作用。对于音响、唱片这类产品，发挥主要作用的是听觉，需要营销人员完善音响、耳机等配套设备。

星巴克为顾客创造的“第三空间”，能够让人感受到在家与办公室之外的独特场景，在该场景中，顾客可以品尝香浓的咖啡、听让人放松的背景音乐、在繁华都市中享受到一丝宁静等，如图9–2所示。在生活节奏越来越快的当下，人们需要类似星巴克这种“第三空间”来释放压力、品味生活。可以说，星巴克不仅是简单地销售咖啡，更是向人们传达一种享受生活的体验文化，也正是这种“体验文化”让星巴克成为一家万众瞩目的跨国连锁巨头。

图9–2　星巴克的“第三空间”

◆在定位策略上强化消费者的品牌认知

人们在物质需求基本得到满足的情况下，会追求更高层次的情感需求，所以，在购物时，人们会关注商品是否符合自己的品位，这也是越来越多的商家不再将功能作为卖点，而主打概念的主要原因。在知名国际品牌商推出的体验营销活动中，经常能看到它们在积极打造强调体验的品牌形象。

从香型和味道来看，万宝路香烟相比555、希尔顿等品牌并不存在明显领先优势，但万宝路创造出的充满阳刚之气、英俊粗犷的西部牛仔形象，已经足以让世界各国的海量烟民趋之若鹜，仿佛自己抽万宝路香烟时，就能化身为西部牛仔。德国汽车品牌大众推出的甲壳虫虽然是一款中低端轿车，但其通过主打“满载乡愁”的卖点赢得了广大车主的青睐。

在同质化竞争与价格战泛滥的移动互联网时代，单纯地销售产品很难吸引消费者。为此，企业需要转变思维，让消费者获得极致的体验，满足其情感与精神方面更高层次的需求，以激发消费者购买欲，刺激消费者产生冲动消费。在经营实践中，企业需要根据用户需求及产品特性找到能够满足消费者体验需求的概念，创造出一个强调体验的品牌形象，在提高用户黏性与客户满意度的同时，为自身构筑起较高的竞争门槛。

个性体验：善于与消费者做朋友

服务的个性化是整个“个性化”营销的关键部分，是为顾客创造更多附加价值、实现产品增值的重要手段。一方面，互联网信息化技术的发展成熟大幅降低了产品模仿复制的门槛和成本，产品即便能够取得一时的“个性化”优势，最终也会陷入同质化竞争。与此不同，服务的个性化与企业自身的文化、价值、理念、特质等密切相关，不仅很难被复制模仿，而且更加灵活，能够更好地满足不同顾客的多元化、个性化诉求。

另一方面，在消费升级的背景下，越来越多的消费者不再满足于产品本身的功能价值，而是希望在消费过程中获得更高层次的心理情感满足与价值体验，通俗地说就是“很高兴地购买，买后也很高兴”。

个性化服务是从顾客多元化、多层次、个性化的需求出发有针对性地进行服务改善与提升，是通过具体、灵活、让顾客感动甚至“尖叫”的增值服务与顾客建立情感连接与信任关系，通过这种方式激发顾客的购买欲望，提高顾客的忠诚度。

总体来看，企业实施个性化服务需要着重把握以下几点（见图9-3）。

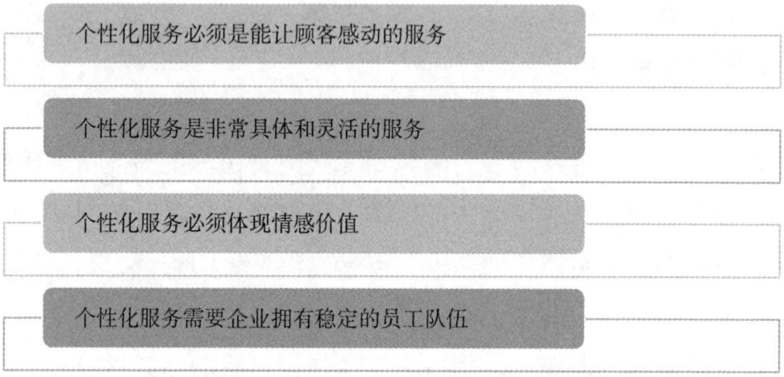

图 9-3　企业开展个性化服务的关键点

◆个性化服务必须是能让顾客感动的服务

在消费升级背景下，消费者希望获得更高层次的心理情感体验，因此，企业和营销人员不能只是将顾客当成产品销售对象，而是要与顾客做朋友，建立情感连接和强信任关系，只有这样才能更有效地推动产品销售。如一些会议营销公司的业务代表通过与顾客建立并维持良好的感情关系，常常能创造出10万元甚至数十万元的销售业绩。

◆个性化服务是非常具体和灵活的服务

个性化服务是真正围绕顾客的个性特质和需求展开的，因此营销人员不能拘泥于模式化、表面化的服务形式和过程，如定期电话、定期家访、请客吃饭等，这些是很多企业都会去做的事情，不仅难以取得预期效果，千篇一律的沟通与服务还可能引起顾客反感，造成客户流失。

营销人员必须贴近顾客，具有敏锐的观察分析能力，全面准确获取顾客的个性特征、兴趣爱好、行为习惯等各方面信息，然后有针对性地为其提供具体灵活的服务，以赢得顾客的好感与信任。

◆个性化服务必须体现情感价值

营销人员要与顾客保持深度沟通，特别要学会利用个性化服务与顾客建立情感连接，让顾客保持感激心理，从而发挥出个性化服务的情感价值，与顾客建立情感连接和强信任关系。

◆个性化服务需要企业拥有稳定的员工队伍

个性化服务的最大优势在于，营销人员可以通过持续深度的沟通交流与顾客建立情感连接，成为顾客的朋友，获得顾客的信任与忠诚，从而更好地完成各种商业化目标。不过，顾客情感连接的对象是具体的营销人员而非公司本身，因此当营销人员离开公司时，后者便失去了与顾客连接的纽带，很可能造成顾客流失。

面对这种情况，很多企业采取的方式是强化服务过程中的公司形象，让顾客明确为自己提供个性化服务、创造更多价值的是公司，业务员只是具体的执行者和整个服务流程中的一环。然而，这种方式也有不足：当与顾客建立连接关系的主体从有血有肉的个人变成组织时，便弱化了连接关系中的情感因素，顾客在这个过程中不会投入太多感情，会更多地考虑公司产品与服务的好坏，很难形成独特的、差异化的服务优势，因为总会有其他公司的产品比自己更好、其他公司赠送的礼品比自己的更值钱。简单来说，以公司作为与顾客交流互动的主体，很难像业务员那样与顾客建立深厚的感情。

其实，当营销人员与顾客建立起情感连接和信任关系时，也意味着顾客对企业产生了认同和忠诚。特别是在同质化竞争越发激烈的环境下，当产品无法拉开差距时，融入情感因素的个性化服务便成为企业打造独特竞争优势的关键——既然各个公司的产品质量相差不大，顾客当然更愿意选择与自己有良好关系的业务员的产品。为此，企业应注重培育一批高素质的员工队伍，并通过各种手段留住优秀员工，保障员工队伍的稳定性。

【案例】海底捞：不可复制的差异化服务

创建于1994年的四川海底捞餐饮股份有限公司采用直营连锁模式，主营川味火锅，结合了不同地区的火锅特色。海底捞奉行“服务至上，顾客至上”的理念，注重突出服务特色，旨在为消费者提供令其满意的个性化服务。作为一家现代餐饮企业，经过20多年的发展，海底捞在管理、技术、营销理念方面形成了较强的竞争力。

餐饮业中拥有很多火锅品牌，但不同品牌在品质方面大同小异，要想在竞争中脱颖而出，就要体现自身的差异化优势。海底捞的差异化集中体现在以个性化的服务满足顾客需求甚至超出客户的期待。海底捞的差异化服务如图9–4所示。

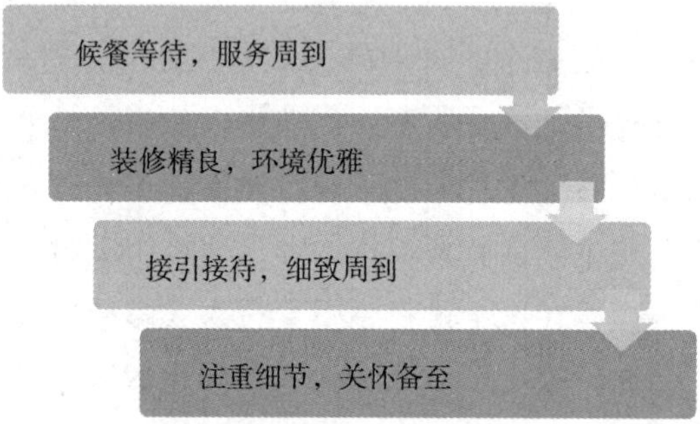

图9–4 海底捞的差异化服务

◆候餐等待，服务周到

海底捞的候餐服务被很多顾客称道。如果顾客未提前预约，在饭点进店，通常需要排队，且等待时间较长。如果是到其他餐厅排队，很多人会产生焦躁情绪，海底捞则有效地解决了这个问题。海底捞为候餐者提供了多种娱乐活动，如五子棋、围棋、扑克甚至麻将，还有免费网络，并为候餐者提供水果、瓜子、点心、饮品等零食，另外，海底捞还推出了擦皮鞋、涂指甲等多种服务。

◆装修精良，环境优雅

由于火锅产生的汽雾会对店内的墙面、装饰等产生影响，所以大多数火锅的装修比较简单。不同的是，海底捞采用了类似高档酒店的装修风格，顾客进入店内后不会闻到火锅散发出来的味道，也不会看到火锅产生的水汽，更不会因过道狭窄感到不适。

一般来说，门店的卫生间能够集中体现该店整体的装修水平。海底捞的卫生间以红色与黑色为主调，端庄大方。与此同时，海底捞还十分注重卫生间内的环境保持，旨在为顾客提供舒适的环境。例如，会为顾客提供市场上热销的洗手液，并在便利贴上提示正确的洗手方法。服务人员还会为洗完手的顾客递上擦手纸。不仅如此，海底捞还在洗手间放置了梳妆桌，为顾客提供梳子、护手霜等，从各个方面入手为消费者打造良好的环境。

◆接引接待，细致周到

海底捞的服务员会面带微笑，让顾客愉快地就餐。看到顾客进店，服务员会及时接待，并为其提供免费的小吃、饮品等，在就餐前会为顾客提供擦手的热毛巾，为了避免吃火锅时弄脏衣服，海底捞还会为顾客提供围裙。

顾客点单时，服务员会在身边给出建议，如提醒其可以选择半份菜量，还会根据就餐人数提醒顾客点得差不多了，避免浪费。这与那些极力怂恿顾客多买的餐厅截然不同，能够提高消费者的认可度。如果顾客戴眼镜，服务员会为其提供眼镜布，并为就餐者提供手机保护套。通过这一系列细致周到的服务，顾客会对这家店产生好感，即便最终的价格稍高，也不会产生不满，而且还会将这家店推荐给好友。

◆注重细节，关怀备至

在顾客就餐过程中，服务员会为其提供细致而周到的服务，如替顾客把涮好的肉、沥干水的冻豆腐盛到碗里；给火锅加汤时为防止汤溅到顾客身上，将手放到锅的上方进行遮挡。顾客就餐时无须自己调节火候，也不会出现火锅的水汽溅到身上的情况，可以在整个过程中安心享受。

服务质量对餐饮业的发展有着非常重要的影响，认识到这一点的海底捞凭借差异化的服务从众多竞争者中脱颖而出，通过践行“顾客至上”的理念，从各个方面满足客户的需求。其他餐饮业也应该向海底捞学习，积极改革传统管理模式，提高对服务的重视程度，通过优质的服务让消费者满意。

另外，海底捞在内部推行激励机制，通过这种方式激发员工的创造力，让员工以积极的心态投入到日常工作中，为顾客提供优质的服务，在提高顾客对自身经营认可度的同时，还能充分发挥员工的个人能力，调动其工作积极性，让他们对工作保持热情，努力为企业发展贡献自己的力量。

第10章
情感营销：赋予品牌人格化的温度

情感营销：与顾客建立有效连接

在营销大师菲利普·科特勒看来，人们的消费行为可以分为三个消费阶段：量的消费阶段、质的消费阶段、感性的消费阶段。在人们的基本生存需求得到满足后，自然会去追求更高层次的情感与精神需求，购物消费变得越发多元化、个性化及情绪化，情感体验在人们的消费决策中扮演的角色越发重要。

在体验经济时代，收入增长和消费观念变化使人们不再局限于商品的功能、价格，情感满足与心理认同在消费者购物决策中的影响力大幅提升。所以，把握并满足消费者的情感需求，成为企业构建核心竞争力的重要因素。情感营销立足于用户画像，通过充满情感元素的营销场景激发用户情感需求，使用户产生情感共鸣，从而引导其购物消费、口碑传播。

从情感营销在国内的实际发展情况来看，国内营销从业者更多将精力放在情感广告和情感消费方面，对通过文化内涵及价值主张影响消费决策缺乏足够重视。情感营销的表现方式十分多元化，从不同的角度可以分为多种类型，较为主流的分类方式是将情感营销分为情感包装、情感设计、情感口碑（情感服务）及情感公关，利用其中的一种方式或多种方式的组合让用户产生情感共鸣，帮助企业完成营销目标。

◆情感营销的价值与优势

对于企业来说，情感营销价值极大，具体表现在以下三个方面（见图10–1）：

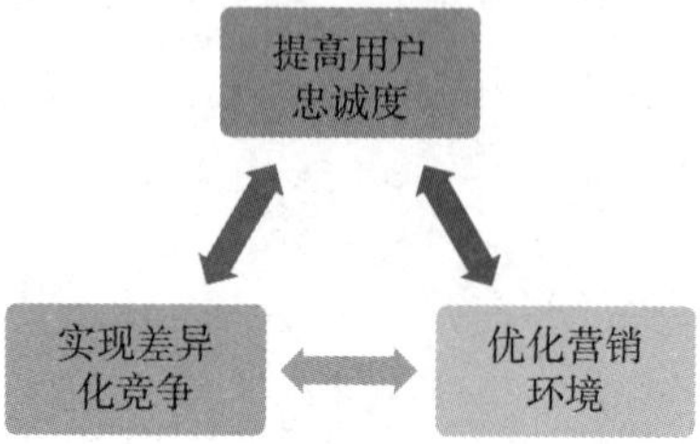

图10–1 情感营销的三大价值

（1）提高用户忠诚度。用户忠诚度可以直接影响营销转化率、复购率等关键指标，如何提高用户忠诚度，是营销人员亟须解决的一个重要问题。而想要提高用户忠诚度，不仅要做好基础性的产品质量、服务体验等，更关键的是要对消费者心理施加影响，让消费者产生更多认同感、归属感。而情感营销满足了消费者的情感需求，可以让消费者产生情感认同，逐渐将其转化为企业的忠实粉丝。

（2）优化营销环境。营销环境是影响营销效果的重要因素，良好的营销环境可以提高消费者互动的积极性，帮助营销人员和消费者建立信任关系。在情感营销活动中，营销人员注重对消费者购买环境、氛围的打造，和消费者进行情感交流，营造轻松、和谐、温馨的营销氛围，让消费者获得更舒适、愉悦的购物消费。

（3）实现差异化竞争。从产品功能和价格维度来看，企业很容易陷入同质化竞争和价格战泥潭。这种恶性竞争不仅使企业利润逐渐下滑，更会破坏行业生态，给行业发展造成极大的负面影响。而情感是多元化且难以被模仿复制的，情感营销以情感为切入点，可以帮企业实现差异化竞争。

◆企业实施情感营销的主要策略

通常来说，企业在实施情感营销时可以采取的策略如图10–2所示。

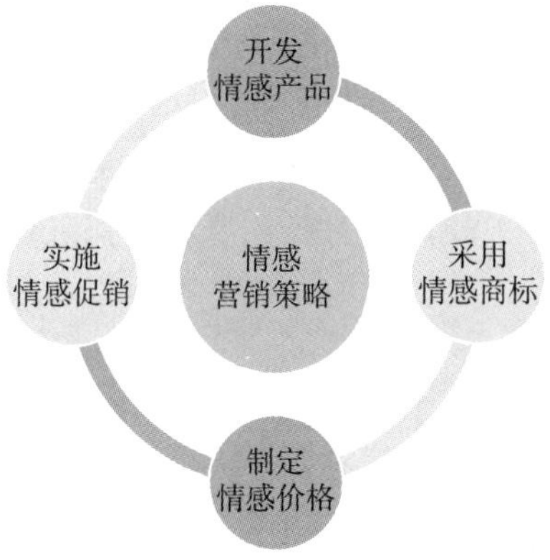

图 10–2 企业开展情感营销的四种策略

（1）开发情感产品。产品不仅要在功能、质量、价格、耐用性等方面符合用户需求，还要具备某种情感，能够让人们的情感需求得到满足。

（2）采用情感商标。设计商标时也要注意目标群体的情感体验，在其中融入更多的创意元素，打动消费者并促使消费者对企业建立较高的忠实度。

（3）制定情感价格。不同的消费群体对产品价格的接受范围有所不同，对于更加注重性价比的普通大众，可以制定更加平民化的价格，而对那些强调生活品质的中高收入群体，可以通过推出包含更多增值服务的产品套餐来满足其心理预期。

（4）实施情感促销。通常来看，实施情感促销的三种方式如图 10–3 所示。

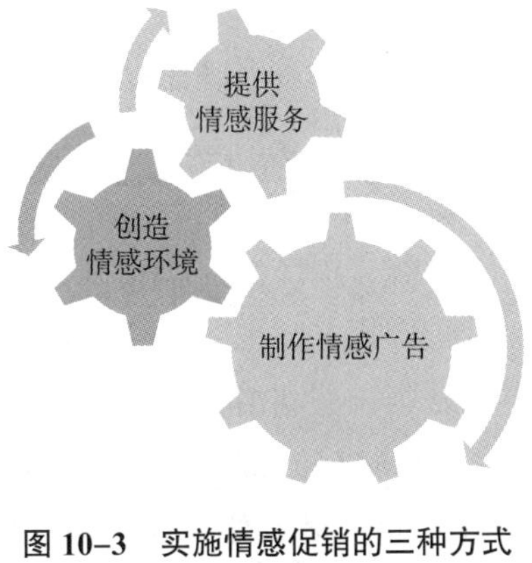

图 10–3 实施情感促销的三种方式

• 制作情感广告。赋予品牌一定的情感，让目标用户通过情感和企业建立强有力的链接，从而提高用户忠实度。

• 创造情感环境。利用极具体验感的情感环境让目标顾客沉浸其中，在这个过程中，顾客能对产品有更加深入的了解，产生更多冲动消费。

• 提供情感服务。利用情感服务为目标群体创造更多价值，当然这需要企业对员工给予高度重视，增强员工的服务意识，并为之提供公平、合理的发展空间，这样才能激发其为顾客服务的积极性，使其创造力得到充分释放。

情感品牌：提升品牌的溢价能力

品牌影响力是企业知名度与市场地位的具体体现，是用精神与情感体验维系忠实顾客的有效工具，所以，品牌建设在现代企业竞争中尤为关键。企业通过品牌建设，赋予品牌人格化形象，利用其展现出来的文化理念与价值主张沉淀忠实消费者，提高用户黏性，并促进口碑传播。

当企业拥有具备较高美誉度的品牌时，往往能够实现持续稳定发展，盈利能力明显领先于同行业其他企业。这是因为品牌为企业带来了一批稳定的追随者，为企业打造了强大的核心竞争力，让企业能够从容应对同质化竞争与价格战。

耐克、可口可乐等企业尤其注重品牌建设，它们为消费者搭建了解品牌、体验品牌的多元化渠道，在引发消费者情感共鸣、刺激消费者产生冲动消费的同时，也提高了品牌的溢价能力。

正面情感在提升消费者购买积极性方面有明显优势，而且正面情感往往和励志、感动等正能量密切相关，更容易实现大范围传播推广。实践证明，积极快乐的情绪很容易刺激冲动消费。所以，营销人员在开展情感营销时，应尽可能地让产品或品牌与正面情绪联系起来。

认识到情感对消费者购物决策的影响是情感营销的基础，但关键在于怎样让消费者将产品和品牌与他们的情感，尤其是正面情感建立连接，这也是营销人员的工作重点。利用在消费者心中具有较强影响力的人或物，让企业产品或品牌与消费者的情感建立连接，不失为一种有效手段。

尤其是在企业开辟新市场时，新市场中的目标客群可能对企业产品与品牌缺乏足够了解，但他们可能对某一意见领袖具有较高的忠实度。此时，如果营销人员与意见领袖合作，借助其在目标客群中的强大影响力对产品或品牌进行传播推广，往往能取得良好的营销效果。

具体来看，企业利用情感营销提升品牌的溢价能力可采取以下四大措施（见图10–4）：

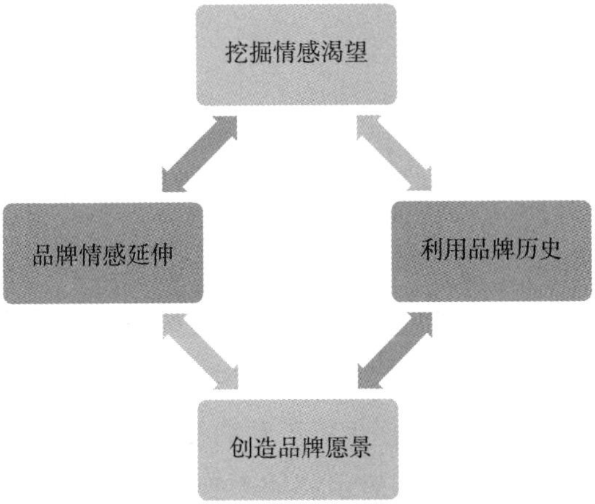

图 10–4　情感营销提升品牌溢价的四大措施

◆挖掘情感渴望

挖掘情感渴望，需要企业洞察消费者行为、分析消费者情绪、了解消费者背景等，这种情感渴望可能是显性的，也可能是隐性的，隐藏在消费者内心深处，消费者自己也未必能意识到这种情感渴望。在此基础上，企业针对这种情感渴望找到自己在技术、功能等方面的优势，通过产品或服务将这种优势呈现给消费者。

长此以往，企业可以让消费者对产品或品牌的印象实现从技术领先到功能领先，再到情感领先的演变升级，不仅可以让消费者积极购买产品与服务，还能降低消费者对价格的敏感度。如很多消费者热衷购买高端进口宠物食品，是因为它们具备更高的技术与检验检疫标准，功能更为可靠，而且满足了消费者情感需求。

事实上，很多企业进行市场分析时，通常会忽略消费者的情感需求，在产品测试活动中搜集的用户反馈，也主要是类似“你喜欢产品的什么功能？你认为产品还有哪些需要改进的地方？”等和产品功能相关的信息。仅通过这些信息，企业很难挖掘出用户的情感需求。想要改善这一局面，企业必须转变思维模式，和用户进行深入的沟通交流，倾听消费者内心深处的声音。

◆利用品牌历史

激发人们的怀旧情绪，是品牌历史一个非常重要的价值，而怀旧情绪是人们在钢筋水泥的城市中让疲惫不堪的心灵得到慰藉的有效手段。

1985年4月，可口可乐首位外籍CEO古巴人郭思达宣布，可口可乐将更改已经沿用了99年的配方，对传统可乐进行更新换代。然而，这种做法引发了大量可口可乐忠实粉丝的抗议，西雅图出现了“美国老可乐饮者”组织，该组织计划在全国范围内对新可乐进行抵制；洛杉矶也有很多顾客表示“如果推出新可乐，将不再购买”等，最终可口可乐不得不向用户屈服，宣布继续生产传统配方的可乐。

事实上，在可口可乐忠实粉丝看来，已经沿用99年且严格保密的可口可乐配方代表了传统美国精神，而坚持使用传统配方就是对美国精神的信仰与传承，更改传统配方则是对美国精神的背叛。

当然，拥有悠久历史的品牌毕竟仅占很小的比例，但这并不意味着新品牌就无法利用品牌历史开展情感营销，如营销人员可以为品牌添加历史悠久的元素，来增加品牌的厚重感和传奇色彩。

◆创造品牌愿景

对美好未来的期待与向往是人们坚持奋斗的重要动力，如果品牌可以将消费者的这种期待和向往与品牌愿景联系起来，很容易让消费者主动购买产品，并开展口碑传播。因为购买该品牌的产品可以让人们更加“接近”美好未来，让他们产生更多的动力与激情。

◆品牌情感延伸

品牌情感延伸的原理是利用人们对品牌情感的忠诚来拓展新品类，开辟新市场，从而为品牌创造新的利润增长点。市场中存在很多通过品牌情感延伸大获成功的案例，如瑞士手表凭借实用、精美、创新等优势在全球范围内获得了极高的认可，此后，瑞士人又从手表这一品类拓展到刀具品类，推出瑞士军刀产品，同样获得巨大成功。保时捷从汽车品类拓展到眼镜品类也是这般道理。

人格化：新媒体时代的品牌塑造

新媒体时代的企业品牌建设以互联网社交平台为载体，媒介环境和传播语境发生了重大转变，所以，企业的品牌建设策略也需要进行有效调整。从众多实践案例来看，人格化是品牌在新媒体时代长期保持旺盛活力与生命力的必然选择。

人格是一种拥有自我意识和自我控制能力，具备情感、感觉、意志等机能的主体，它体现了一个人的行为习惯、价值观等。品牌人格化则是通过个性、风格、调性、价值观等元素赋予品牌特定的人格化形象，让消费者愿意与之交流沟通，购买品牌的产品或服务等。

从本质上看，品牌形象人格化可以理解为“企业文化与价值观的拟人化呈现”。在传统媒体时代，品牌营销推广是生硬冰冷地大规模硬性推广，是一种一对多的单向线性传播。随着自媒体不断崛起，传统营销模式变得不再适用，人们更愿意通过开放、平等、自由的社交媒体获取自身感兴趣的信息，并且主动参与到信息传播与创造过程中来。

在这种背景下，那些不重视和消费者沟通交流、难以形成人格标签的品牌很容易陷入发展困境。综合来看，品牌人格化建设是一项长期而复杂的系统工程，不是简单地开通几个新媒体账号就能解决的问题，需要营销人员把握企业文化与价值观，洞察客户需求，遵循社交媒体传播规律，具体如图10–5所示。

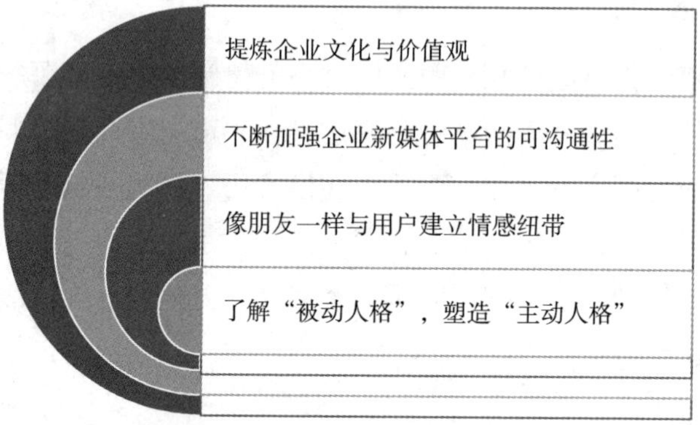

图10–5　品牌人格化的四大策略

◆提炼企业文化与价值观

不同企业的发展历程、业务类型、战略规划、利益诉求等存在一定的差异，从而形成了差异化的企业文化和价值观。而企业文化和价值观是企业实现可持续发展的重要驱动力，是品牌人格化建设的基础。只有和企业文化与价值观一致的品牌人格才能得到组织成员的认可，进而获得消费者信任。所以，对企业文化和价值观进行精准提炼，是营销人员进行品牌人格化建设时应解决的首要问题。在实践中，大部分国内企业在传播企业文化和价值观方面较为被动，仅是在官方网站的“关于我们”一栏中进行简单介绍，传播效果不佳。所以，未来，国内企业需要投入更多资源与精力，利用新媒体平台主动向目标用户传播企业文化与价值观，最终形成人格化的品牌形象。

◆不断加强企业新媒体平台的可沟通性

消费者希望从企业中获得的不仅是产品与服务，情感和体验也是消费者期望获得的价值，而情感和体验主要是在沟通过程中获得的。因此，提高企业新媒体平台的可沟通性，也是品牌人格化建设的一项重要工作。

实时、双向交互是新媒体的典型特征，在日常生活中，人们逐渐习惯了利用社交媒体低成本、高效率地沟通交流。那些不能满足这种需求的企业将在消费者内心深处留下效率低、不重视甚至不尊重用户的印象。更严重的是，这种负面印象会以吐槽等形式在消费者的社交圈快速传播，阻碍企业的产品销售及品牌建设。所以，企业需要持续增强企业新媒体平台的可沟通性，建立完善的双向沟通机制。

◆像朋友一样与用户建立情感纽带

像朋友一般关怀用户是品牌人格化的重要体现。营销人员需要转变思维模式，像朋友一般和用户沟通交流，而不是简单地将其视为购买商品的顾客。同时，在交流过程中融入企业文化与价值观，引导用户积极提供反馈意见，让用户在认可企业文化与价值观的同时，也能帮产品生产部门或上游厂商对产品进行优化完善。

◆了解“被动人格”，塑造“主动人格”

消费者对企业的刻板印象构成了企业的“被动人格”，企业在进行品牌人格化建设过程中要深入分析这种“被动人格”，并在此基础上塑造“主动人格”。以麦当劳为例，作为一家以炸鸡、汉堡等快餐食品为主的餐饮品牌，容易给人留下没有营养、不健康的印象，这对麦当劳的长期发展非常不利。为了解决这一问题，麦当劳将品牌定位为Simple、Easy、Enjoyment（简单、轻松、享受），致力于为消费者创造快乐、传递快乐，从而改变消费者对它的刻板印象，为其在全球范围内的扩张奠定了良好的基础。

因此，在实践中，对于企业来说，通过Google Analytics等大数据工具高效精准地分析企业在消费者心中的“被动人格”，在此基础上塑造“主动人格”，不失为一种明智之举。

【案例】江小白：品牌人格化的情感表达

“江小白”为重庆江小白酒业有限公司旗下的江记酒庄打造的高粱酒品牌。该品牌的白酒采用自然发酵与蒸馏的酿造工艺，针对年轻消费者进行了利口化、时尚化升级。江小白围绕自身的产品特性，提出“我是江小白，生活很简单”的口号，主张简单纯粹、特立独行。

从2012年推出以来，江小白的产品销售额持续增长，以优异的成绩从国内众多白酒品牌中脱颖而出。与此同时，江小白积极开拓国际市场，进军海外十多个国家和地区，包括法国、德国、荷兰等，其产品出口的国家数量在重庆所有白酒品牌中居于榜首。不仅如此，江小白还参与了很多国际专业酒类评选活动，在“布鲁塞尔国际烈酒大赛”“国际葡萄酒暨烈酒大赛”中表现突出。

江小白的产品在推向市场后之所以能取得良好的销售成绩，既有赖于其成功的产品定位，也得益于品牌推出的营销活动。在这个过程中，江小白面向年轻消费者，基于年轻化的产品定位开展的情感营销取得了理想的营销效果。

江小白的产品主要面向年轻消费者，特别是80后、90后，并从情感方面出发实现了产品与消费者之间的连接。该品牌主张年轻人要拥有自己的人生态度。随着生活节奏、工作节奏不断加快，很多年轻人承担了较大的压力，急于找到适当的情绪宣泄方式。社交媒体为人们表达自我提供了有效的平台支持，很多年轻人选择在新媒体平台上释放压力，寻找新的生活动力。面对年轻人的这种需求，江小白在设计微博文案时，注重展现积极的人生态度，让人们在苦闷的生活中勇于迎接挑战，实现人生价值。通过这种方式，江小白实现了与消费者的情感连接，积极调动了年轻人参与品牌互动的积极性，如同一个亲切的倾听者，能够理解年轻人的想法与态度。通过在产品推广过程中开展情感营销，江小白找到了产品、社交媒体、情感之间的连接点，对消费者尤其是年轻消费者形成了较强的吸引力。

江小白打造的“七夕”表达瓶问世后受到了大批年轻消费者的追捧。购买这款新品并参与活动的消费者，可以将自己对朋友、爱人想说的话写到江小白推出的H5互动页面上，订购专属于自己的江小白产品。这个活动吸引了很多年轻消费者参与，他们将自己藏在内心的话印在表达瓶上，例如，“我在杯子里看见你的容颜，却已是匆匆那年”“愿十年后我还给你倒酒，愿十年后我们还是老友”等，如图10-6所示。江小白还会对消费者发送来的内心独白进行评比筛选，将部分能够引发大众共鸣的表达瓶进行量产。

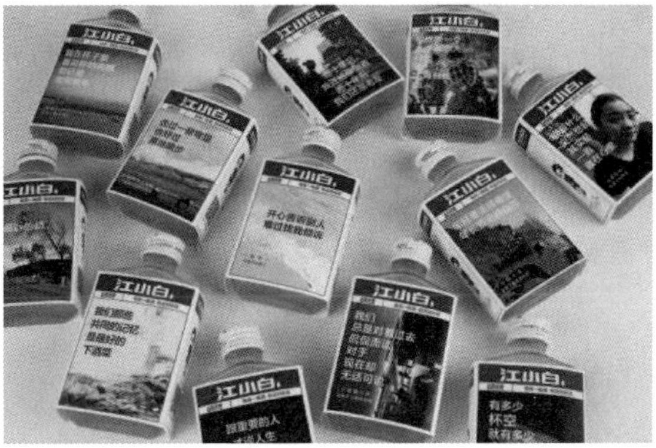

图10-6　江小白的“七夕”表达瓶

擅长采用情感营销模式的江小白在这之前就曾在瓶身上做过文章。江小白于2012年打造的语录瓶一经推出就受到了热烈欢迎。语录瓶与表达瓶的区别在于，语录瓶上的文案是由生产方制定的，能够传递江小白的思想价值。其中很多文案内容能够从心理层面打动消费者，让其产生情感共鸣。此后，一些同类企业借鉴江小白的营销方式，通过在瓶身上印制对白、昵称等吸引消费者。

江小白推出的表达瓶获得了众多年轻消费者的认可与支持。表达瓶让消费者从内容接收者变成了内容创作者，以瓶身为平台进行自我表达与情感传递，使这种新型信息传播方式迅速流行开来。通过采用情感营销，江小白征集了许多广受欢迎的文案，同时也达到了市场推广的目的。

江小白通过把握营销新趋势实现了全方位的品牌传播，利用社交工具与年轻消费群体开展情感交流，以符合年轻消费者偏好的品牌形象强化双方的关系，改变品牌方与消费者之间简单的交易关系，让他们成为相互理解、相互支持的朋友，从而提高品牌的知名度。

随着经济快速发展，品牌面临着巨大的市场竞争压力。在面临多样化选择时，消费者反而不知所措，这导致很多商品在市场开拓过程中陷入发展瓶颈。在选择商品时，消费者除了关注产品本身的功能及使用价值外，还会对产品的品牌价值进行评估。

品牌方应从情感方面入手，实现品牌与消费者的互动，并围绕消费者开展IP营销，真正打动消费者的心，让消费者认可自身品牌传达的精神理念，进而取得更好的营销效果。

Part 4
场景体验

导读

在数字化时代，场景营销逐渐成为一种新型的营销手段与方法，对品牌广告的精准投放、潜在顾客的深入挖掘、品牌的吸粉引流发挥着积极影响。本书关于场景体验的讨论分为两个部分：一是场景营销；二是场景消费。

随着时代发展，场景变革，品牌营销的策略与方法也发生了较大变化。场景营销就是一种全新的数字化营销方法，发生在互联网媒体中。通过精准的场景营销，品牌可以紧抓消费者的感官，刺激消费者对产品进行深度体验与消费。第11章对场景营销的概念及特点进行全面阐述，对场景营销下营销广告的投放策略进行深度解析，帮读者对场景营销做出全面了解。

场景营销就是要让消费者在品牌设计的场景中做出消费行为，为了实现这一目标，品牌的场景设计必须遵循三大逻辑，而且要深入挖掘消费者在某一特定场景下的潜在需求，通过场景设计为品牌吸粉引流。第12章结合支付宝的场景营销实战，对品牌刺激场景消费的策略与技巧进行总结，帮助消费者对场景营销做出深入理解。

第11章
场景营销：数字化时代的精准投放

场景营销的概念内涵与主要特征

◆场景营销的概念内涵

场景营销是一种建立在互联网媒体上的数字化营销，它针对消费者所处场景，结合时间、需求等要素，和目标群体进行全面交流沟通。在传统媒体时代的营销推广活动中，信息单向线性传播，消费者只是被动地接受信息。而互联网尤其是移动互联网的崛起，使得传统信息传播方式被打破，线上线下融合的O2O传播模式，创造了一个三维立体的营销场景，能为消费者带来更完整的营销体验。

在场景营销中，消费体验在时间和空间维度上被重新定义。对情境的感知和对有价值信息进行匹配，是营销场景吸引流量，并促成转化的重要因素。其中对情境的感知又可以细分为空间情境感知和时间情境感知。

空间情境感知借助LBS技术，通过Pad、智能手机等移动终端，实时获取消费者的位置信息，并为其推荐周边的餐饮、住宿、家政等各类生活服务。微信小程序推出的“附近的小程序”功能就是基于这种逻辑。时间情境感知则是针对特定的时间节点，如节假日、热点事件流量红利期等，制定精心设计的场景营销方案。微信、支付宝的春节营销是两大典型代表。

◆场景营销的特点

场景营销具有三大特点，如图11–1所示。

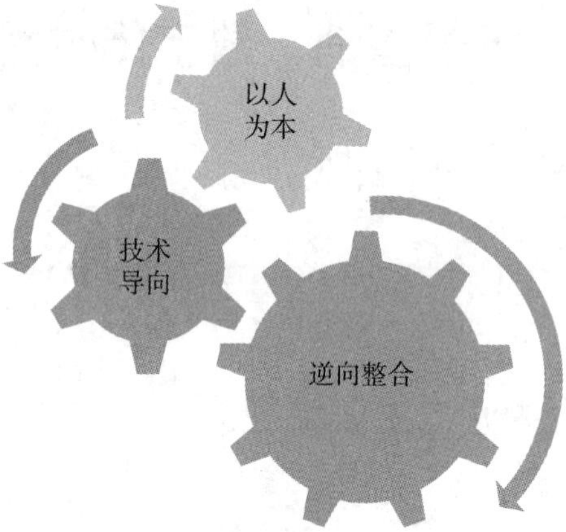

图11–1　场景营销的三大特点

（1）以人为本。场景营销以人为本，以用户为中心，它能够通过搜集海量数据为用户提供个性化与差异化服务。这和传统的围绕商品设计营销方案有着本质的区别，充分迎合了新消费时代交易主导权回归用户的发展趋势。

在传统营销模式中，商家大多强调产品的功能、性价比，将开发人员认为的用户需求强加给目标群体，而且由于当时购买力相对较低，人们没有足够的资金用来满足个性化需求，只能注重产品的性价比，使得用户需求被普遍忽视。而在场景营销模式中，广告营销将围绕某一细分群体甚至个体的消费需求，为之提供定制营销内容，从而更好地吸引消费者，并刺激其购买。

（2）技术导向。场景营销之所以具有技术导向的特点，主要是因为以下三个方面的因素。

- 硬件生产及制造技术的发展。得益于硬件生产及制造技术的不断发展，以Pad、智能手机、可穿戴设备为代表的新一代硬件产品实现了快速发展，并得到了大规模推广普及，使商家与消费者无缝对接，并围绕其需求开展定制营销，具备了落地基础。

• 程序化技术的发展。基于受众定向技术、渠道定向技术及投放优化技术的程序化广告，为商家向目标群体进行高效精准的营销推广提供了强有力支撑。

• 内容创意技术的发展。以H5技术为代表的内容创意技术，为新媒体在影响用户消费决策方面开拓了更加广阔的空间。在场景营销实践中，H5技术的常见表现形式主要包括：文字、图片、符号等静态展示技术；小游戏、动态图等交互体验技术；摇一摇、附近的服务等互动参与技术。

（3）逆向整合。在场景营销时代，能够满足用户需求成为企业赢得市场的关键，在组织生产活动前，企业需要先获取用户需求，通过邀请粉丝体验等方式验证需求，然后再正式生产，并根据销售情况及用户反馈不断做出调整。部分企业对经营模式进行了改造升级，在线上通过预售定制模式获取订单，然后根据订单生产产品，消费者同时扮演着设计者和消费者的双重角色。

小米的生产管理营销模式在企业界被奉为经典，小米通过开展社群化运营积累了海量忠实粉丝，在推出新品时，先在官网、电商平台等渠道开通预订渠道，订单整合完成后，由供应链厂商根据订单生产，生产完成后送到消费者手中，有效解决了传统运营模式中的库存积压问题，获取了高额的利润回报。

场景变革：品牌营销的进化路径

在移动互联网时代，营销人员要想做好营销必须对其商业结构与符合消费者习惯的营销方式进行思考，场景应用就是其中的一种。

营销人员都明白抢占先机的重要性，移动互联网时代的产品营销不仅要借势，还要在商业结构方面进行变革。通过手机获取资讯、知识，利用手机进行社交、看球赛、玩游戏、购物、打车等，这些已深度融入人们的日常生活，成为人们日常生活的一部分。

目前，人们的生活已离不开手机。据统计，中国人平均每6分钟就要看1次手机，每天平均看手机150次。人们如此频繁地看手机就是为了证明自己的存在感。从本质上来看，这种存在感就是一种连接，在朋友圈这种连接就是一种强连接，这种实时性的连接使人们传统的社交关系被改变。

移动互联网营销要让消费者参与到营销过程中，对产品、品牌进行传播。未来，还要让消费者参与到产品生产、产品创意、产品营销的过程中来，全面提高营销效率，优化产品的传播效果。移动互联网时代是一个广告即内容的时代，如果能将广告打造成内容，让消费者积极主动地传播内容，就能获得更高的价值。另外，产品就是广告，为了做好产品营销，企业必须打造优质的产品，丰富产品的内涵。

在互联网思维的指导下，运营人员要注重整合，如将移动互联网营销与二维码、移动社交等其他营销方式进行整合。移动化的内容要从彩信广告、短信广告向场景应用转变。对于产品营销来说，利用大数据进行整合营销是非常重要的环节。

未来，任何一种事物都有可能与移动互联网联系在一起。移动支付的发展与成熟让实时消费与交易有了迅猛发展的可能，一种成熟的互联网支付机制由此形成。随着这种支付习惯的形成，移动商业进入了一个新时代。在这个时代，人们的生活方式一旦改变，商业模式也会随之改变。

一场成功的营销是在特定场景下产生的，在这种场景下，营销人员可根据移动设备与消费者之间的关系推送产品或品牌。一场成功的营销活动往往是伴随式的、场景触发式的。目前，很多广告都缺乏场景，很难引发消费者共鸣。

场景营销就是凭借这种关系打造一个对消费者极具吸引力的场景，吸引用户使用产品、消费产品。

而在营销领域，移动互联网就是商家与用户建立沟通的全新化的界面。移动终端是情绪化、情感化的媒介。移动互联网最需要解决的问题就是如何与用户建立更深层关系的界面。

在这个媒体众多、消费者高度分散的时代，一个品牌要采取何种措施才能加深消费者的印象，实现品牌资产积累呢？又要如何借助广告与营销引发消费行动呢？在移动互联网时代，品牌传播模式正在进行重大变革。

品牌传播模式之所以要被重新定义，就是因为进入移动互联网时代以来，消费者的生活形态发生了巨大变化。

（1）这个变化是移动互联网诱发的。在移动互联网环境下，消费者的注意力被分散，移动终端有了强烈地链接其他终端的需求。

（2）消费者在各个场所与空间快速穿梭，生活半径不断拓展，仅凭单一媒体，很难对目标消费群体进行全面覆盖。

（3）消费者接触的各种终端，如智能终端、消费终端、广告媒体平台，都在不断地产生消费行为数据，通过这些数据，企业能更准确地了解消费者。

（4）消费者的消费行为从理性准备发展到实时的场景触发。在信息爆炸时代，消费者的消费行为是随时随地发生、实时变化的。因为在分散地接触媒体的过程中，消费者会不断地获取广告信息与营销信息，在接收这些信息的过程中，消费者的消费行为随时会被触发。

场景转化：品牌广告的投放策略

在消费者生活形态发生巨大变革的情况下，企业想要做好广告投放，可以采取三大策略，如图11-2所示。

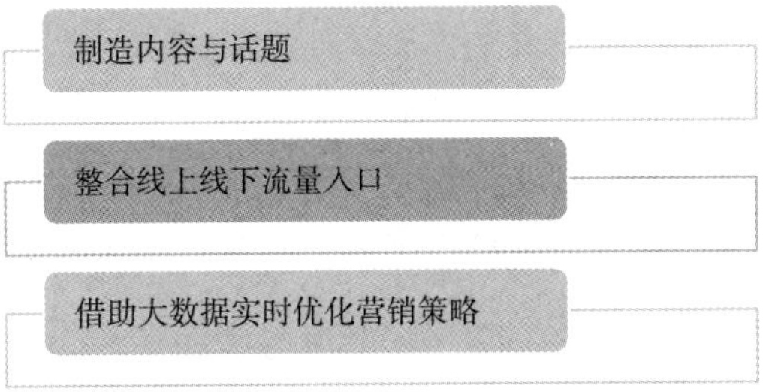

图11-2　品牌广告投放的三大策略

◆制造内容与话题

在现实生活中我们经常能看到这样的情况：无论在线下还是在线上，消费者都会有意无意地避开广告。这种现象之所以出现是因为这些广告不仅无法成为消费者分享的话题，还会对其正常的生活场景产生不良影响，而不是消费者排斥广告。例如，消费者在家庭聚餐的过程中看到一则售卖药品的电视广告会有意回避，使广告的说服力大幅下降。又如，在浏览网页的过程中，一则广告突然弹出，消费者的第一反应往往是关掉。

所以，对于品牌来说，广告的场景化问题、内容与场景的关联问题是必须面对、解决的问题。场景不只是广告载体与方式问题，品牌的场景营销必须制造出能吸引消费者关注的话题，并借助不同的媒介制造出话题场景，从而引爆品牌。

例如，在新品发布会结束之后，小米手机总会利用微博、微信等社交媒体制造能够被传播的话题，然后在线下选择楼宇框架媒体，让用户通过互联网观看整个发布会及发布会结束后相关人员离开办公室的全过程，将通过社交媒体制造的话题落实到线下具体的生活场景中，再转化为用户的实际购买力。

又如，在世界杯期间，与世界杯有关的话题备受关注，尤其是各个球队的表现。在此期间，如果有品牌能将自己的产品信息或品牌信息植入与世界杯有关的内容，就能给消费者留下深刻印象。基于此，网易新闻客户端就将《精彩世界杯》内容与积分体系相结合，推出了支持福彩投注浮动赔率机制，并与广告主需求相结合融入了竞猜机制。做出这一系列调整之后，三个合作席位瞬间售出。

那些因赶时间未能及时观看比赛的上班族也能在写字楼楼宇的液晶电视上看到最新的比分榜单，这个榜单是分众传媒利用3G技术与液晶电视交互、传输产生的。并且，这个榜单还与“彩票宝”达成了合作，如果消费者想购买彩票，只需到办公室关注“彩票宝”就能进行操作。

面对这场品牌革命，将广告转化为话题性内容，将其植入消费者场景，摒弃过去那种生硬的广告推广方式，是品牌必须做出的改变。

◆整合线上线下流量入口

现阶段，消费者接触媒介的目的非常明确，就是获取有价值的信息，消费者看到有价值的信息之后就会采取相应的行动，所有品牌都必须对这种随时可能触发的消费行为给予密切关注，并且品牌要在所有可能与消费者接触的位置建立入口，为消费者购买提供方便。品牌建立入口实际上就是抢占移动互联网入口。

例如，用户在乘坐电梯的过程中在楼宇电视上看到一则产品广告产生了购买冲动，立即打开某电商平台的App，楼宇电视的内置Wi-Fi会将产品特卖页面传到用户打开的App中，让用户下单、购买。在移动互联网时代，O2O是最基本的营销形态，如果品牌通过传播能激发消费者的购买动机，其与互联网结合就能将消费者的购买动机转化为实际的购买行动。

在移动互联网时代，品牌最需要思考的问题不是品牌分散问题，而是如何整合线上、线下入口，如何对入口进行协调的问题。所以，无论消费者的线上资讯模式如何变化，消费者的线下生活空间都没有改变。因此，品牌不能只抢占线上入口，还要抢占线下的流量入口，如消费者的生活场所、办公场所等。

◆借助大数据实时优化营销策略

现阶段，大数据非常火爆，它不是简单的精准大数据广告购买，而应纳入企业的营销管理与运营体系。在某些终端与营销平台，消费者能与移动技术建立关联，这些平台就有可能成为大数据的入口。企业要想更好地应用大数据，就必须利用这些大数据行为形成消费者反馈，并据此对营销策略进行改进。

目前，互联网平台的类型多种多样，既有营销平台，也有大数据平台，如微博、电商、微信、移动互联网应用等。除此之外，还有很多实体营销渠道正在形成大数据入口，需要企业广泛关注。

比如分众传媒已在全国30个城市部署了10万个Wi-Fi及ibeacon点，凡是被分众传媒Wi-Fi覆盖的公寓楼、大卖场、办公楼、影院、超市都能获取用户的访问记录，从而形成20亿条/天的数据量。通过这种方式积累的数据源，如果应用得当，就能帮品牌解决很多营销方面的难题。

在移动互联网时代，品牌传播模式必须被重塑，在此之前，相关人员必须对广告进行深入理解，对消费形态进行深入洞察，与移动互联网技术相结合，通过场景化、娱乐化、内容化进行品牌爆破，创建O2O入口，对线下大数据进行整合，对传播进行重新定义。

在营销领域，利用场景开展营销是一大创新，它将移动互联网的特性充分展现了出来，与当代人的生活习性非常契合。借助精准的场景营销，品牌能紧抓用户感官，推动其对产品进行深入体验与消费。对于场景应用来说，小而美且极致的场景是其最终的追求，正是这些场景与精美的配乐相结合才使产品的特质得以充分地展现出来。

第12章

场景消费：让品牌与场景无缝连接

场景应用：社交时代的商业逻辑

在互联网社交环境下，品牌的场景营销需遵循三大逻辑，如图12–1所示。

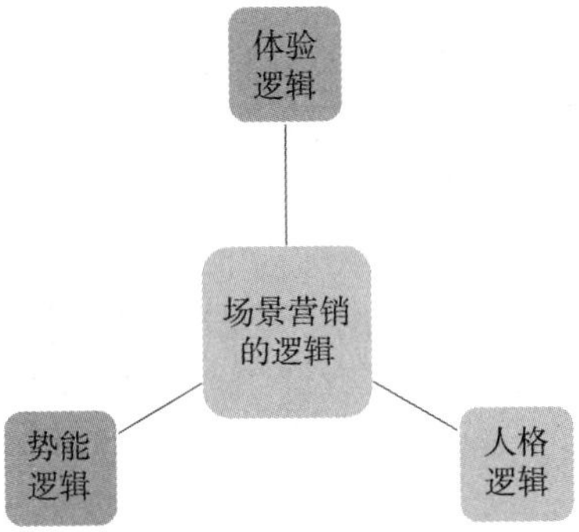

图 12–1　场景营销的三大逻辑

◆体验逻辑

百度在用户与信息之间搭建桥梁，京东在用户与商品之间搭建桥梁，罗辑思维在用户与知识之间搭建桥梁，美团在用户与生活服务之间搭建桥梁。腾讯提出要“连接一切”，其社交平台微信为不同用户之间的互动提供了有效支持。连接成功以后商家需进行何种操作？如何才能进行流量变现？如何源源不断地导入流量？近年来，许多行业都开始进行场景打造，并将其作为竞争焦点。

其实，很多时候，并不是商品激发了消费者的兴趣，而是商家搭建的场景引起了消费者的情感共鸣。

在场景时代，商品被融入特定场景，展现在消费者面前。消费者购买的不是商品，而是消费过程中获得的体验。此时，商品的基本价值呈走低趋势，个性化体验成为人们关注的焦点。消费者为获取独有体验付出的成本要超出商品本身的价值。

场景时代下的企业通过数据获取与分析进行场景挖掘，将自身运营融入消费者的日常生活。例如，音频分享平台喜马拉雅成为许多人上下班坐公交车、堵车时的选择，这就是典型的场景化应用，该产品向用户提供的有声书、精选音乐、知识干货等，能够满足人们的多样化需求。

现代信息社会呈现明显的碎片化特征，场景应用也不例外。随着网络信息技术的发展及各项职能设备的普及应用，人们对各类社交应用的依赖性越来越强，高速发展的信息技术在加速信息传播的同时也将不同群体隔离开，为企业发展带来了新机遇。

◆人格逻辑

随着经济不断发展，物质供给已经远远超出市场需求，市场上多种多样的商品丰富了人们的选择，也提高了消费者的选择成本。在此趋势下，消费者越来越重视自己的个性化需求。

目前，社交红利开始崭露头角，在此阶段，人格魅力的影响更加突出，在市场竞争中发挥着越来越重要的作用。相比于传统的销售方式，基于熟人的社交推荐能够取得更加理想的营销效果，在这个过程中，场景发挥着重要作用，用户之间的分享行为是在特定场景中产生的。

场景化营销并不是近几年才出现的。传统模式下的场景主要集中于线下渠道，随着互联网及移动互联网高速发展，社交应用变得越来越普遍，场景化应用开始转移到线上。只要能够连接网络，用户就能随时随地登录社交网络，在熟人的帮助下对商品信息的真伪及价值进行有效评估。目前，越来越多的企业开始采用社群标签、场景营销策略进行商品打造，这说明人们的消费需求已然升级。

◆势能逻辑

小米公司以智能硬件、智能家居及软件开发为主，积累了大批粉丝。其忠实粉丝用户使小米论坛成为国内第三大论坛，并积极促进MIUI系统更新升级。除此之外，小米还向核心用户及为小米做出贡献的网友发放F码，为这批用户提供产品优先购买权。在营销过程中，小米充分发挥了粉丝经济效应，提高了用户的参与度。

任何事物都有兴衰的过程，场景也是如此，快速兴起之后，可能会急速衰亡。现阶段，面对快速变化的市场环境，企业要做的就是提高自身的应变能力，紧跟时代发展步伐，认识到场景的价值，并在自身发展过程中注重场景打造与应用，通过场景化营销突出自身的独特竞争优势。

随着时间的推移，新兴场景会不断涌现，通过互联网、社交平台等为人们所熟知，并逐渐取代传统场景，在市场上占据主导地位。目前，虚拟现实技术、人工智能技术、智能可穿戴设备等实现了快速发展，H5广告逐渐普及开来，这些新场景是对传统场景的改革与升级，其发展将带领人们进入新的消费时代，为企业发展注入更多活力。

场景挖掘：聚焦顾客的潜在需求

传统互联网时代的终端设备以PC为主，进入移动互联网时代后，手机、平板等移动终端的应用逐渐普遍，这类智能化设备的功能齐全、体量小，能够随时随地移动。另外，用户与智能移动终端的互动频率更高，其影响渗透到了人们日常生活的方方面面，可以帮助企业获取用户的相关信息，了解用户的生活状态，挖掘用户需求。

在移动互联网时代，企业可利用先进技术手段，对消费者的相关信息进行统计，但此类信息通常缺乏集中性，数量庞大且繁复多样，给企业带来了挑战。在这种情况下，企业在开展营销活动的过程中，需采取有效措施对繁杂的信息进行过滤，锁定自己的目标消费者。面对这一问题，场景营销为企业提供了有效的解决方案。在开展场景营销的过程中，企业在与消费者互动时会更加关注他们的生活态度、价值观念等，通过场景打造将时空要素、人及环境融为一体。

移动互联网的高速发展推动了移动互联网媒体的普及应用，给电商行业的发展带来了更多机遇。与此同时，企业在场景营销领域也有所进步，虚拟场景开始出现，在具体实践过程中企业开始致力于将虚拟场景与现实场景结合起来。

企业在应对外部市场变化的过程中，要充分认识到场景的价值，通过场景营销对消费者的相关信息进行获取，并在具体实施过程中将目标消费者、企业的产品、品牌与服务连接到一起，使商品销售变得水到渠成。

从根本上来说，移动互联网时代的场景营销与以往的场景营销并无二致，企业在运营过程中都是以消费者为核心，致力于让消费者获得优质体验。在具体实施过程中，企业需打造多元化场景，对消费者在特定场景中的需求进行挖掘，从而带动自身的产品销售。市场营销的参与者主要包括广告主、媒体及用户三方。对处于移动互联网时代中的企业的场景营销进行分析可以发现，除了广告主之外，媒体与用户都呈现出不同于以往的新特点。

在移动互联网时代，移动互联网媒体开始取代传统互联网媒体在场景营销中发挥作用。移动互联网的应用让现实世界与虚拟世界开始融合，能够进一步激发用户的联想，提升用户体验。此时的用户除了进行信息接收之外，还以消费者的姿态出现在场景营销过程中，消费场景由此诞生。而在企业的场景营销中，消费场景发挥着主导作用，决定着企业采用何种营销手段。

海量商品信息与目标顾客消费需求匹配要以精准的场景体验为基础。在商品越来越多，消费者的购买选择越来越困难的情况下，要想激发顾客的购买动机必须构建精准的消费场景。现阶段，商家要以消费需求为基础，通过特定的场景将商品的价值与功能充分展现出来，让消费者知晓，并对目标顾客的潜在需求进行深入挖掘。

要想满足顾客的精准场景体验需求，必须对快消品市场变化、准确的场景化展示、消费者洞察等内容进行系统掌握。除此之外，企业还要对快消品的商品信息进行全面把握，将不同的商品与场景需求进行精准匹配。

要想实现精准的场景体验，企业必须做好消费者洞察，将不同的场景需求区分开，对不同场景下的潜在需求进行深入挖掘，让商品实现精准匹配；利用消费大数据、企业运营数据对消费者进行精准画像，并以此为基础对需求趋向进行详细分析，对商品需求进行合理配置，进而满足目标顾客的需求。

准确的场景表现是满足消费者场景体验的关键，也是激发消费者购买动机的重要手段。线下店铺要结合顾客的购买特点，对门店进行优化布局，改变传统的门店规划理念，将以商品为主转变为以顾客生活单元为中心，创建生活单元，构建生活场景。线上零售门店要结合线上特点，将详情页设计从描述商品转向描述场景需求，将场景聚焦与场景丰富相结合，使消费者的场景体验得到更好的满足。

场景消费：基于社交的引流技巧

智能手机及移动互联网的推广普及，使得LBS、在线支付等技术在人们的生活与工作中扮演的角色越发重要，促使人类社会的消费模式及商业模式等发生了巨大变革。购物消费场景变得越来越移动化、碎片化，人们能够用于购物消费的时间大幅减少，更多的是在碎片化场景中选购商品、下单支付、评论建议等。

同时，购物空间限制也被打破，人们不用像在传统工业时代那样必须去线下门店购物，也不必像在传统互联网时代那样只能在有PC电脑的场景中购物，而是可以使用随身携带的平板电脑、智能手机等移动终端，在等电梯、坐地铁等各种碎片化场景中实时购买。

在人们的消费决策中，社交圈好友的分享推荐变得越发关键，当看到好友在朋友圈内分享商品时，很多人会主动联系好友索要购买地址。在移动场景时代，人们购物时不再简单地考虑产品的价格、性价比、实用性等，而是更加注重场景体验。那些此前不曾被传统企业和资本巨头重视的移动应用，已通过和具体的生活场景的无缝对接，让人们的线上线下消费需求得到满足，爆发出巨大的能量。

人们的购物消费过程可以分为寻找选择、购买体验及购后评价三个环节，如图12–2所示。

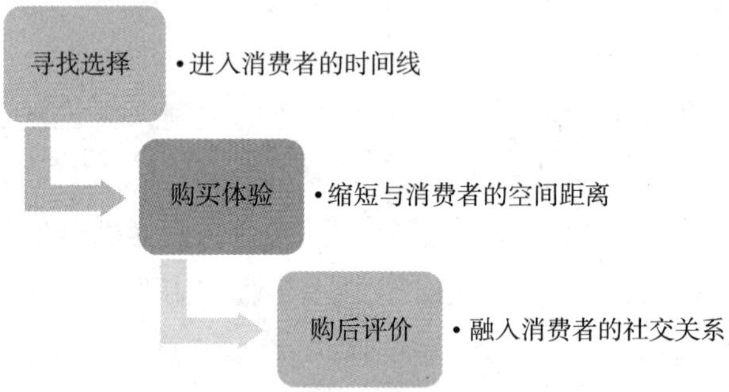

图 12–2　购物消费过程的三大环节

◆寻找选择：进入消费者的时间线

企业对寻找选择这一环节缺乏足够的控制力。由于身处移动场景，人们的注意力被过度分散，会随时随地使用手机进行社交、娱乐、购物等，行为变得难以预测，购物时间也有了较大的不确定性。

在这种背景下，企业需要在消费者的碎片化购物时间中寻找切入点，融入到各种碎片化场景中，让用户能够实时购买，最大程度地满足用户需求，并提高产品销量。

随着大数据、云计算、人工智能等新一代信息技术在各行业的应用程度日渐加深，线上线下结合的新零售模式开始崛起，人们的购物消费有了更加多元化的选择，企业需要抓住短暂的碎片化购物时间向目标群体进行营销推广。

在寻找选择环节，要想让消费者关注企业的商品，需要充分结合时间场景，让产品在合适的时间、合适的场景中被消费者快速低成本地获取，从而更好地引导消费者了解商品，并刺激冲动消费。

◆购买体验：缩短与消费者的空间距离

移动化、碎片化的购物消费特征，导致消费者在单一商品上投入的时间与精力明显减少，对线下零售而言，这种变化带来的影响尤为严重。企业需要知道如何充分发挥移动应用的作用，提升门店的组织效率，去除不必要的购买环节，更高效地达成交易。

不妨想象一下这样的场景：当消费者进入一家服装店后，每件服装的吊牌上都带有二维码，顾客使用手机扫描二维码不仅可以获取这款服装的价格、材质、生产工艺、搭配建议等各类信息，而且可以直接点击购买，这无疑会使顾客体验大幅提升，有效降低门店的经营成本。

当然，不仅是实体零售企业在尝试带给顾客更优质的购买体验，很多电商企业也投入了大量资源与精力创造完善的购物场景，并优化购物流程。

在购物中心、百货商场等大型零售门店中，庞大的客流量使服务人员难以为顾客提供完善的服务，而且排队付款也让人备受折磨。在电商平台购物，消费者又难以获得产品体验感，客服也不能为消费者提供面对面的优质服务。所以，通过线上与线下相结合的移动电商为消费者构建充满体验的全新场景，在缩短购物流程、降低用户购物时间成本的同时，也将为企业带来更高的利润回报。

◆购后评价：融入消费者的社交关系

消费者的购后评价对企业非常重要，如果用户评论不佳，很容易导致其他消费者打消购买欲望，反之，当某件商品广受好评时，自然会吸引更多的潜在消费者。

以熟人社交关系为核心的社交媒体平台微信，在正面评论促进产品销量方面的作用尤为明显，其次是社交关系相对较弱的微博。移动互联网的崛起使人们之间的互动交流变得更加方便，为企业产品及品牌开展口碑传播奠定了坚实的基础。在移动场景时代，通过发展移动社交电商融入消费者的社交关系，成为企业从激烈的市场竞争中突围的关键所在。

在促进用户口碑传播方面，移动社交电商具有十分广阔的发展前景。认识到移动社交电商的发展前景后，国内电商巨头京东和社交巨头腾讯达成了深度战略合作，腾讯为京东提供两大亿级社交产品——微信与QQ所带来的海量流量及社交关系支持，帮助京东以更低的成本获得优质流量，并促进产品的口碑传播。

需要注意的是，企业在享受社交媒体给营销推广带来的诸多便利的同时，也应该认识到它给企业营销带来的诸多挑战。良性口碑确实可以提升产品销量与品牌知名度，但负面评论却会借助社交媒体平台实现广泛传播，甚至可能会给企业带来信任危机，造成不可挽回的重大损失。

企业应时刻关注用户在社交媒体中关于产品及品牌的评论，通过社群化运营控制舆论风向，让用户在互联网中传播更多正面信息，并及时处理负面信息。

在移动场景时代，人们的购物消费变得越发多元化。随着生活节奏越来越快，谁能为企业提供便捷高效的购物体验，与各种碎片化场景密切连接，谁就能得到用户的青睐，并获得高额的利润回报。面对全新的购物环境，企业需要做好以下三点：

（1）在购物时间方面，企业需要进入目标群体的时间线，在消费者的碎片化与移动化生活场景中提供实时服务。

（2）在购物空间方面，打造更具体验感的购物场景，并充分利用新技术与工具优化购物流程，降低用户的购物时间成本。

（3）在社交关系方面，切入移动社交电商，广泛开展移动社交营销，通过口碑传播实现病毒式推广。

从整体来看，在移动场景时代，企业要将产品及营销方案融入目标群体的各种碎片化生活及工作场景中，让用户能够随时随地购买自己想要的商品，改变传统的硬性推广方式，在潜移默化中影响消费决策。

【案例】支付宝：打造跨场景联动营销模式

移动支付的崛起为人们的日常生活与工作带来了诸多便利。作为国内移动支付领域的先驱，支付宝为移动支付的推广普及提供了巨大推力。在各类消费场景中，通过支付宝进行支付的现象随处可见。

2018年12月，支付宝和大润发、欧尚等品牌合作，利用跨场景联动营销玩法，使大量消费者体验到了接地气、新鲜有趣的“刷码乘车送鸡蛋”活动，如图12–3所示。

图12–3　支付宝“刷码乘车送鸡蛋”

活动具体内容为：在2018年12月17日到31日间，用户通过支付宝乘车码完成一笔公交或地铁支付，即可获得一颗虚拟“蛋”，这种虚拟“蛋”可以免费兑换新鲜鸡蛋或参加抽金蛋活动（具体规则为：6颗虚拟“蛋”可以兑换1份鲜蛋兑换券，鸡蛋限量100万盒，活动期间每人最多可兑换2盒；18—29日，每天抽一颗20克金蛋）。

◆从洞察到实践：扩大圈层用户覆盖率

正所谓“得年轻者得天下”，大部分品牌都在努力年轻化，尽可能地迎合年轻群体的消费需求，但消费者并不仅是年轻群体，如果品牌过度聚焦年轻群体，反而会丧失很多发展机遇。而且目前国内的消费升级并不仅局限于年轻群体，中年甚至老年群体的消费观念和消费习惯也在发生变化。对于那些富有洞察力的品牌而言，关注并挖掘中老年群体的价值，是颇为明智的一种选择。

所以，支付宝在此次营销活动中，将目标用户锁定在了中老年群体。利用乘公交、地铁这种中老年群体高频、刚性消费场景连接目标用户，并引入大润发、欧尚两大合作伙伴，最终达到了非常好的传播效果。

不难发现，支付宝此前的营销活动往往以年轻群体为目标用户，例如，集五福活动、网约车代金券活动、共享单车优惠活动等。而此次活动中，支付宝将活动覆盖人群定位为中老年群体，进一步扩大自己的用户覆盖率，而且乘公交送鸡蛋的玩法也和中老年群体日常生活密切关联，体现了支付宝洞察用户需求，主动融入用户生活场景的品牌理念。

◆跨场景联动：打破品牌与用户的“鸿沟”

新零售的蓬勃发展打破了实体和虚拟的边界，推动品牌、零售商和消费者关系发生变革。为更好地抓住新零售机遇，支付宝和大润发、欧尚进行深度合作，以创意玩法将出行场景和购物场景相结合，激发了用户的参与热情。

在线上，该活动启动后热度持续提升，支付宝原计划用户兑换100万份鲜蛋兑换券需要14天的时间，结果只用了不到10天的时间。在线下，此次活动为大润发和欧尚带来了大量客流量，如宝鸡地区大润发门店一天兑换的鸡蛋量相当于此前一周的鸡蛋销售量，门店整体业绩也因此获得了明显提升。

通过和大润发、欧尚合作，支付宝整合了更多优质资源，利用接地气、生活化的营销玩法让用户和品牌进行密切互动，为深化品牌在消费者心中的印象，以及不同品牌用户相互转化产生了巨大的推动作用。

◆国民品牌的背后是价值观的传播

此前，大部分国内品牌并没有认识到自身在节能、环保方面的责任，仅停留在口头呼吁阶段，没有采取实际行动。近几年，这种情况得到了一定的改善，很多品牌开始主动推动节能环保，号召用户为建设绿色、和谐生态环境行动起来。支付宝在这方面更是走在了前列，推出了多项公益活动。

例如，在蚂蚁积分捐活动中，用户使用支付宝消费后可以获得积分，这些积分可以捐给有困难的群体，帮助他们回归正常生活；在蚂蚁森林活动中，用户步行、网上挂号、线上购票、线上生活缴费、地铁出行等行为减少的碳排放量将被支付宝换算为虚拟绿色能量，用户可以利用这些能量在支付宝养育一棵虚拟树，虚拟树长大后，支付宝会在沙漠等地种一棵真树，助力环境治理。

这些活动是支付宝积极承担社会责任的重要体现，为支付宝塑造良好的品牌形象、赢得广大民众的支持和信任奠定了良好的基础。

Part 5
营销工具

导读

营销活动的开展离不开营销工具的支持。随着社会的不断发展，营销工具不断迭代，进入数字化时代以来，品牌营销工具发生了巨大变革，品牌官网、微博、微信等数字化媒体已经成为品牌开展营销活动的重要依仗。

品牌官网是品牌传播信息的官方渠道，具有一定的权威性。想要做好营销，品牌必须做好官网建设。第13章对品牌官网的基本要素、设计要点、实战流程以及注意事项进行全面分析，帮助读者掌握品牌官网创建与维护的基本方法。

招商手册是品牌营销的传统工具，可以向外界传递非常丰富的信息，包括品牌理念、品牌文化、品牌产品、品牌战略等，必须得到品牌的高度重视。第14章对招商手册的基本要素、主要内容、编写要点做了详细讨论，让读者对招商手册及产品手册的编写做出全面了解。

在数字化时代，品牌营销最重要的一项工作就是做好数字化建设，迎合新媒体的传播特征做好品牌建设。第15章结合维珍航空社交媒体营销案例，对品牌在数字化时代的社交营销策略进行拆解，帮助读者了解数字化时代媒体传播特征，掌握数字化营销的策略与方法。

第13章

品牌官网：互联网时代的推广窗口

基本要素：网站建设的五个要素

对于处于互联网时代的企业来说，公司官网是企业在网络上的门面，彰显着企业的线上形象，因此做好官方网站建设非常重要。具体来看，公司官网建设的五个要素如图13-1所示。

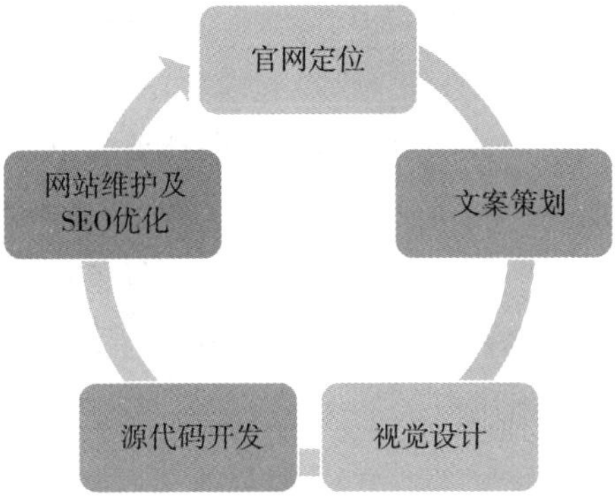

图 13-1　企业官网建设的五个要素

◆官网定位

企业建设官方网站的主要目的在于维护和运营网络客户群，使网络用户更加快捷、方便地获取企业的权威信息，从而深刻地了解企业的品牌和文化，对企业运营理念给予认同。

但是，对于不同的企业来说，公司网站宣传的重点内容也不同。例如，一家原材料公司网站宣传的重点应该倾向于产品、生产场地的介绍和说明；而一家品牌公司网站宣传的重点应该倾向于塑造品牌形象、营造良好口碑。

◆文案策划

许多企业的官方网站建设不专业，在做准备工作时只是简单地收集客户资料，然后将企业的图文资料作为网站的主要内容，这种网站搭建方式不能系统地表达企业的经营理念，也无法有力地凸显企业的品牌实力。

建设企业网站最重要的一项工作是设计网页文案，可以说文案是企业网站的灵魂。在设计网页文案之前，网站建设者要全面了解企业的运营状况，通过与总裁、经理等重要人员进行深入沟通，提炼产品卖点，梳理企业的核心竞争力，用简洁、有力的语言将这些内容充分表达出来，凸显企业实力。

◆视觉设计

网站外观要高端大气，网页架构要简明扼要，这样才能使用户“过目不忘”。一个优秀的企业网站一般包含三大特点：一是结构要足够新颖；二是页面要足够美观；三是内容要足够详尽。具备这三大特点的网站能够加深访客的印象，方便用户快速找到所需内容，不仅可以提高老用户的访问量，还可以吸引很多新用户。

◆源代码开发

如果企业的资金充足，应该尽量通过源代码开发建设网站。这里的源代码指的是纯手写代码，即企业原创代码。利用这种代码开发的网页属于原创网页，而原创网页能获得更高的搜索引擎优化（Search Engine Optimization，SEO）权重，而且更方便用户在搜索引擎中搜索定位。同时，利用源代码开发的网站也有利于长期运营和二次开发。

◆网站维护及SEO优化

网站上线之后并不意味着万事大吉，一些企业出于各种原因，在网站建成之后便将其弃之不顾，如管理层不重视网站的作用，企业人手不足等，这种做法非常不可取。既然企业决定建设网站，就应该重视网站的作用，在网站建成后进行长期维护、运营和优化。

网站上线也是一门学问，首先要做好前期的SEO优化工作，如根据企业的产品和服务分析关键词，设置TDK三大标签，即Title（标题）、Deion（描述）、Keywords（关键词），并向各大搜索引擎申请收录等。做完这些基础工作后，企业还要对网站进行长期维护和管理，如定期更新网站内容，及时发布企业的动态资讯和新产品资料等。在有充足预算的情况下，企业还可以投放一些广告或优化网站关键词排名，一方面为网站吸引更多流量，另一方面挖掘潜在客户并与客户达成合作。

设计要点：品牌网站的构建思路

品牌网站是展示品牌形象与品牌理念，开展宣传推广活动的重要阵地。有人将品牌的网站地址称为品牌的“网络商标”，是品牌非常重要的一项无形资产。既然品牌网站如此重要，那么品牌网站设计应该注意哪些事项呢？下面对品牌网站建设的思路与要点进行详细阐述，如图13–2所示。

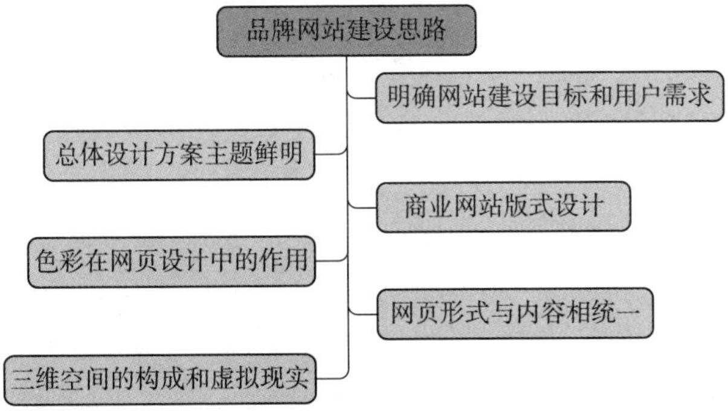

图13–2　品牌网站建设思路

◆明确网站建设目标和用户需求

品牌网站的主要功能是全方位展示产品与服务，增进用户对品牌的了解，树立良好的品牌形象，彰显品牌的发展战略。因此，明确网站建设目标与用户需求非常重要，只有以此为基础才能制定出切实可行的网站建设计划。

具体来看，品牌网站建设要立足于用户需求，结合自身现状与市场状况，坚持“以消费者为中心”进行规划设计。在这个过程中，网站建设人员要考虑的事项如图13–3所示。

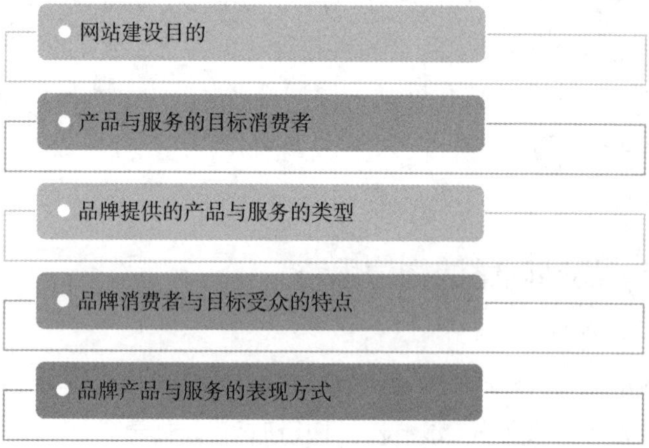

图13–3　网站建设需考虑的五大问题

◆总体设计方案主题鲜明

明确目标之后，网站建设人员要对网站建设的总体方案进行规划设计。首先，对网站风格与特色进行总体设计；其次，搭建网站组织架构。Web站点设计具有一定的针对性，品牌要求不同，设计形式也不同。有的品牌网站只要求展示简单的文字信息，有的品牌网站的要求比较复杂，如展示文字信息、图像信息，支持音视频下载，页面布置复杂等。

一个优秀的品牌网站要集图形展示与宣传推广功能于一体，用简单的文字和画面展示网站主题，做到主题鲜明、要点明确。在规划建设的过程中，网站设计人员可以调用所能调用的一切资源展现网站特色，形成网站独有的特点。

具体来看，网站主页应该包含以下几项内容：页头、E-mail地址、联系信息、版权信息等。其中页头要展示站点与企业的标志；E-mail地址主要用来接收用户邮件，收集用户反馈，与用户沟通交流；联系信息包括地址、电话等，主要向用户证明自己的资质，打消用户的疑虑；版权信息主要展现版权所有者等。另外，网站主页设计还可以利用现有信息，如客户手册、技术手册、公关文档、数据库等，使Web站点更完善。

◆商业网站版式设计

作为一种视觉语言，网站设计必须注重布局与编排。网站设计与平面设计有很多相似之处，可以借鉴平面设计的方法与技巧。网站版式设计的主要功能就是通过文字与图形的组合展现和谐之美，所以文字、图形的安排必须和谐、有秩序。如果是多页面站点，其版式设计必须将各个页面之间的关系反映出来，对页面之间、页面各项内容之间的关系进行有序处理，优化网站页面布局，带给用户更流畅的观看体验，进而达到更好的视觉效果。

◆色彩在网页设计中的作用

色彩是非常重要的一个艺术表现要素。品牌网站设计要遵循“和谐、均衡、有重点”的原则，根据不同色彩带给用户的心理影响对其进行组合，营造出内容丰富、色调和谐的视觉效果。色彩运用需要注意一个问题，就是不同文化背景下的人们对色彩的好恶有非常明显的差异，例如，法国人忌讳黄色与墨绿色，认为黄色是僧侣的专用颜色，墨绿色是纳粹军服的颜色；中国人认为红色代表着喜庆、吉祥；韩国人则非常忌讳红色；等等。因此，在设计网站色彩时，设计人员要对受众群体的文化背景进行详细研究。这里的文化背景包括民族、种族、生活的区域、宗教信仰、传统文化等。

◆网页形式与内容相统一

网站页面设计要将丰富的意义与多元化的形式相结合，形式语言要与页面内容相契合，具有强大的表现力。网站页面设计要综合利用多种表现手法，包括对比、对称、节奏、韵律、留白等，对空间、图形、文字等进行优化设计，营造出一种和谐的视觉效果。例如，在网页设计中应用对称原则，虽然会使页面看起来均衡，但也会产生一定的呆板感。为了中和这种视觉效果，可以在网页中加入一些富有动感的文字、图案，让页面显得活泼灵动。

另外，在各种视觉语言中，点、线、面属于基本元素，通过相互穿插、互为依托形成良好的页面效果。在网页设计中，点、线、面不是孤立存在的，很多时候它们需要相互配合，呈现出一种视觉效果。

◆三维空间的构成和虚拟现实

在网络环境中，三维空间不是真实存在的，需要通过动静变化、图像比例关系设计等表现出来。在网站页面设计中，图片、文字以不同的结构分布在不同的位置会产生不同的效果。目前，在网页设计中，图片、文字前后叠压形成空间，产生强烈的视觉冲击的案例凤毛麟角，最常见的还是平铺设计。

实战流程：官网建设的基本步骤

在互联网时代，品牌建设官方网站，以官方网站为依托开展互联网营销已经成为一种发展趋势。品牌网站建设需要遵循一定的顺序，具体步骤包括：网站域名和网站空间→网站搭建方式→企业网站建设的类型→整体风格和网站结构→企业网站上线测试→上线后的优化推广，如图13–4所示。

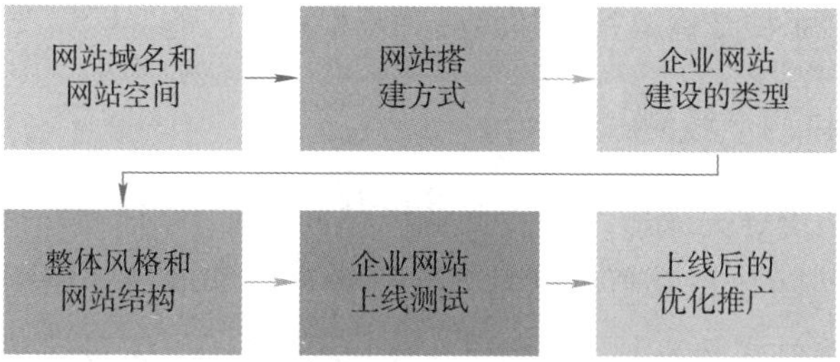

图 13–4 企业官网建设的基本步骤

◆网站域名和网站空间

品牌网站域名可以根据品牌名称来确定，一般来说，网站域名要与品牌名称具有一定的关联。确定网站空间就是决定使用云虚拟主机还是云服务器，机房使用国内的机房还是国外的机房，等等。

◆网站搭建方式

网站建设可以采用两种方式：一种是使用开源程序建设网站，网站建设成本取决于网站所具备的功能；另一种是智能建站系统，不需要人为开发，可以直接搭建网站，成本相对较低。品牌可以根据自己的实际情况选择网站搭建方式。

◆企业网站建设的类型

品牌网站建设可以划分为很多种类型，具体包括官网展示型、营销型、电商型、门户型、论坛型等。具体搭建什么类型的网站，品牌可以根据搭建网站的目的和想要通过网站取得怎样的营销效果来确定。

◆整体风格和网站结构

网站风格有很多种，具体包括全屏风格、色块对比分布、滚动全屏，其中全屏风格主要适用于高端时尚行业；色块对比分布主要适用于大多数企业；滚动全屏主要用来进行产品网站设计，搭建单页专题网站。

网站结构可以划分为两种类型：一种是树形结构；另一种是扁平化结

构。至于选用哪种结构搭建网站，品牌要根据自己的实际情况来决定。

◆企业网站上线测试

品牌网站搭建完成后，为了测试网站的功能，需要做一些线上测试，尤其是营销型网站和电商型网站，只有各项功能通过测试之后才能正式应用。品牌网站需要在线上测试的内容有很多，具体包括检查页面中的错别字、测试网站的各项功能是否正常、检查网站之间的连接是否正常等。

◆上线后的优化推广

品牌网站上线后需要开展一系列优化推广工作，增加搜索引擎对网站的收录，让网站获取更多流量，达到更好的转化效果。具体来看，网站优化推广包含两种类型：一种是网站内部的优化；另一种是网站外部的优化。只有做好网站的优化推广，才能使网站的价值显现出来。

注意事项：官网设计要求与原则

◆品牌网站的设计要求

（1）网站视觉效果。品牌网站设计可以选用的风格有很多，不同的风格可以带给用户不同的视觉感受。对于品牌网站建设来说，图片素材的选用非常重要。图片素材选择得当，就能对品牌形象传播产生积极的推动作用。因此，设计人员在选择网站建设所需素材图片时，要充分考虑品牌所在领域，选择符合品牌调性与风格的图片素材。另外，对于中小品牌来说，网站建设还必须考虑成本问题，不能一味地追求视觉效果，忽略投入。如果资金有限，网站整体的视觉效果可以向简洁大气的方向发展，不用刻意地追求精致个性。

（2）网站访问速度。品牌网站设计选用的图片、音乐等素材要尽量做到“小而美”，缓存不能过大，满足用户使用窄带网络访问网站的需求。如果品牌资金充足，要尽量选择高质量的网络空间。目前，国内品牌网站建设最常用的方案就是电信网通双线空间，如果是外贸企业网站建设，可以选择美国空间、中国香港空间，让用户享受到更优质的访问体验。

（3）针对搜索引擎进行优化。用户经常通过在搜索引擎输入关键字/词来查找网站，在搜索结果中，哪个网站的排名靠前，获得潜在客户的机会就更多。因此，为了提升自己在搜索结果中的排名，品牌网站可以进行搜索引擎优化，使网页代码结构以及网站都得到搜索引擎的支持。当然，优化是基础，优化完成后还要做好网站推广工作。

（4）利用好网站的黄金位置。网站也有黄金位置，就像超市的货架一样。一般来说，网站的黄金位置就是第一视觉位置，也就是用户第一眼就能看到的位置。品牌要在这个位置放置重要信息，如广告。

广告是品牌网站非常重要的一种推广手段，具体包括按钮广告与横幅广告，可以用来推广新产品以及某项促销活动等。未来，品牌网站将出现很多横幅广告、按钮广告和文字链接广告，对这些广告摆放的位置进行优化不仅可以丰富网站内容，而且可以与促销推广活动相配合，保证宣传效果。

◆品牌网站建设的基本原则

为了保证最终的效果，品牌网站建设要遵循五大基本原则，如图13–5所示。

（1）系统性原则。品牌网站建设是品牌营销策略的重要组成部分，对网络营销功能的发挥产生着直接影响。因此，品牌网站建设不能孤立进行，应该秉持系统性原则，作为一个整体进行开发，更好地服务于品牌营销。

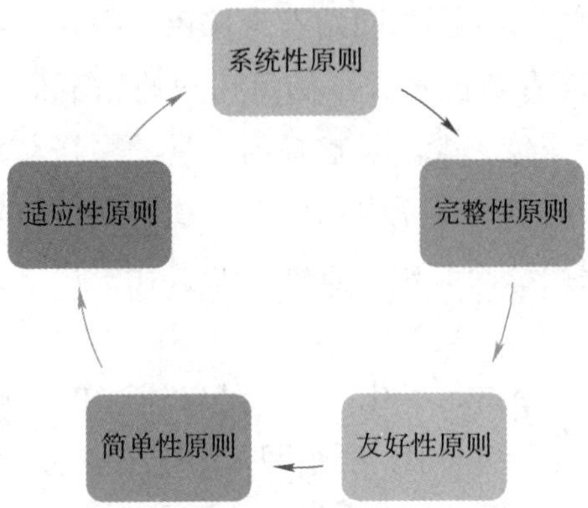

图 13-5　品牌网站建设的五大基本原则

（2）完整性原则。品牌网站应该涵盖最完整的网络营销信息源，为用户提供完整的信息，让用户享受到多元化的服务。这里所说的完整性包括品牌网站的基本要素要完整、品牌网站的内容要全面、网站功能与服务要具有一定的适用性。

（3）友好性原则。友好性指的是品牌网站建设要以网络营销为导向进行优化，具体包括三大层面的内容：一是对用户友好，具体来说就是满足用户需求，获得用户信任；二是对网络环境友好，具体来说就是向所有的搜索引擎开放，支持用户通过搜索引擎进行检索，为网络营销资源的积累提供便利；三是对经营者友好，具体来说就是要方便日常维护，提高工作效率。

（4）简单性原则。根据网络营销信息传递原理，简单性原则要求品牌网站搭建最短的信息传递渠道，提高信息传递效率，降低噪声和屏障对信息传递的影响。

（5）适应性原则。网络营销具有长期性，因此网站建设要遵循适应性原则，网站内容与服务、网站功能与表现形式要跟随网络营销环境的变化而变化，以免对网络营销活动的开展造成制约。

第14章
招商手册：品牌市场推广的撒手锏

策划要点：招商手册的基本要素

招商手册不仅可以体现企业的整体形象，而且可以展现品牌和产品的经营价值，是一个平面的企业信息载体，在很大程度上决定着招商活动的成败。那么，对于企业来说，如何策划招商手册才能实现招商成功呢？企业的招商手册千差万别，如何让自己的招商手册在激烈的竞争中脱颖而出，获得经销商的青睐呢？

◆整体性主题要素

如何让经销商对你的招商手册情有独钟？这其实是一个经营思路的沟通问题。简单来说，就是企业要将自己达成预期目标的思路清晰地传达给目标客户，目标客户就是那些可能成为合作伙伴的经销商。经销商与企业合作的目的可能是赚取经济利益，也可能是构建基础平台以满足自身长远发展的需求，或者只是纯粹的友情互助。但无论怎样，经销商都有自己的价值取向。选择与放弃之间的关系很微妙，针对这种微妙的关系，企业应该在招商过程中做到“取之有道、用之有理”，顺利地与经销商达成合作。同样，企业在策划招商手册时更应该明确这一道理。

一本招商手册可以是一本全面的企业信息宣传画册，也可以是一张简单的宣传彩页，但无论招商手册以哪种形式呈现，都必须有自己的主题，明确哪些内容应该舍弃，哪些内容应该强化。一般来说，一本成功的招商手册至少应该涵盖四个方面的信息，如图14–1所示。

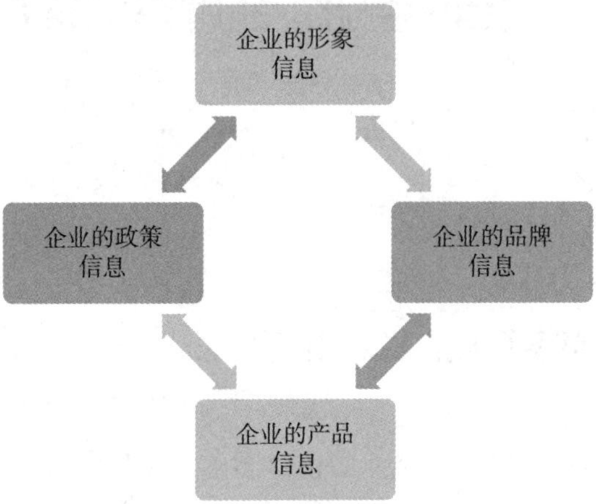

图14–1　招商手册的四大基本信息

（1）企业的形象信息。通过传播企业的正面信息，可以给经销商提供一个与企业合作的“硬核”理由，增强经销商对企业的信任，让经销商产生“找到靠山”的感觉。企业的正面信息可以是企业以往取得的辉煌业绩、企业优良的文化、用以塑造企业美好形象的宣传片、企业完善的运营系统、强大的人力资源和物力资源信息等。

（2）企业的品牌信息。通过传播企业的品牌信息，可以让经销商感受到企业在市场上的实力和潜力，让经销商产生一种觅得知音的感觉。企业的品牌信息可以是品牌的优秀文化和宣传内容，也可以是品牌的市场定位和消费价值观等。

（3）企业的产品信息。通过传播企业的产品信息，可以让经销商对核心盈利点有一个清晰的认识，唤醒其对产品的兴趣。企业的产品信息可以是核心产品、主打产品、形象产品的图样、个性和优势等。

（4）企业的政策信息。通过传播企业的政策信息，可以为经销商营造一种物美价廉的感觉，为其经营过程提供一定的心理支持，使其更倾向于选择自己的品牌或产品。那么什么是政策信息呢？就是关于品牌或产品的优惠政策，这种政策可以让经销商在选择品牌或产品时产生一种优惠的感觉，至少要比其他同级竞争品牌或产品的优惠力度更大。企业的优惠政策可以是价格返利、销售返利、市场开发和维护支持，也可以是培训、营销、业务等方面的服务支持。

不同特性的经销商对以上四种信息的关注程度不同，一般来说，长线经销商或大型经销商更关注企业的形象、品牌和产品三大信息；而短线经销商或小型经销商更关注企业的政策信息。

上述四大信息的宣传是一个逐步升级经销商心理阶梯的过程，通过宣传企业的形象信息可以为经销商营造一种归属感；通过宣传企业的品牌信息可以为经销商营造一种“找到知音”的感觉；通过宣传企业的产品信息可以为经销商营造一种“兴趣相投”的感觉；通过宣传企业的政策信息可以为经销商营造一种实惠的感觉。企业的招商手册如果能用这四大信息逐步升级经销商的心理阶梯，就可以轻松地找到合作对象。

◆个性化要素

招商手册中的四大信息只是一些框架性的内容，没有太多突出的特点，将这些信息加入招商手册中只能算常规设计。如果所有企业都这样设计招商手册，只会让招商手册千篇一律，没有太大的吸引力。那么，企业怎样才能使自己的招商手册更具新意，达到使人耳目一新的效果呢？想要做到这一点，企业除了要让自己的招商手册具备常规的基础框架外，还要添加一些个性化、创新性的信息内容。品牌与人一样，也有自己的个性。例如，一些品牌拥有极具竞争力的品牌文化，或者产品功能极具个性，或者拥有独特的运作思路和市场策略等。企业在凸显品牌个性时，需要注意一些事项，如表现出自己的核心竞争优势，或者是拿出最能打动经销商的内容；要达到凸显个性的目的，企业就不能过多地表现优点，只需要强化一两个核心个性点即可，如果表现的点过多，就会失去吸引力。

招商手册的主要内容与注意事项

◆招商手册的主要内容

作为一个可以直接吸引投资、获得财富的文件，招商手册的撰写要讲究很多技巧，需要以品牌魅力和产品引力为基础，结合对市场的全方位把握。具体来看，一份完整的招商手册主要包括以下六大基本内容，如图14–2所示。

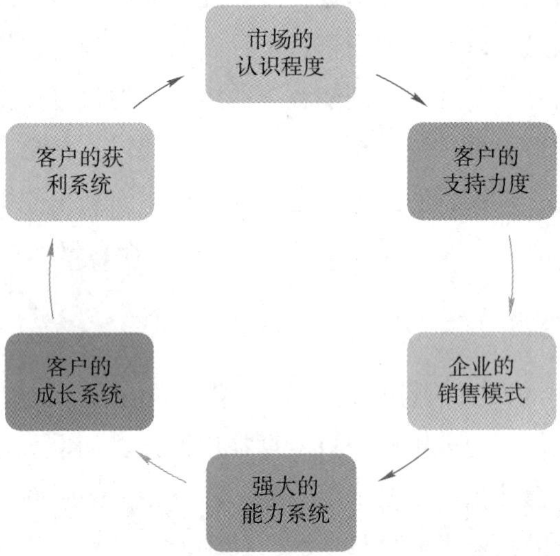

图14–2　招商手册的六大基本内容

（1）市场的认识程度。在招商手册中，企业要对消费者、竞争者、渠道商、市场进行全面分析，对他们之间的关系进行全方位阐述，以便在招商活动中占据优势地位，而这要以洞悉市场为基础。企业只有全面了解市场，才有可能将市场发展态势准确地表达出来。

（2）客户的支持力度。企业对客户的支持力度是潜在客户非常关心的一项内容，因此在招商手册中，企业要从市场拉动力、渗透度两大层面阐述对客户的支持政策。

（3）企业的销售模式。每家企业、品牌都有自己独特的销售模式，企业要在招商手册中将销售模式的独特性呈现出来，展现自己的优势。

（4）强大的能力系统。企业强大的能力系统主要体现在两个方面：第一，企业对品牌、产品、形象、渠道、营销的综合运营；第二，企业对招商、市场、客户、消费者需求的把握。企业通过招商手册将自己强大的能力系统展示出来，可以充分证明自己的运营能力以及品牌推广力。

（5）客户的成长系统。企业想要长久、稳定地发展，必须与客户实现合作共赢。从某种程度上说，客户的发展程度直接决定了品牌的发展程度。因此，企业要在招商手册中展示自己的客户成长系统，承诺在自身发展的同时带动客户一同发展，借此获得更多支持与信赖。

（6）客户的获利系统。企业不仅要带动客户成长，还要借助支持系统、能力系统、带动系统、获利系统帮助客户获利。如果企业有这四大系统，可以将其在招商手册中展现出来，吸引更多潜在客户前来合作。

◆招商手册制作的注意事项

（1）不要展示企业的全部信息。企业不能将自己的全部信息都通过招商手册展示出来，主要原因有两个：第一，如果企业通过招商手册展示全部信息有可能使竞争对手获得收集企业信息和商业秘密的机会；第二，展示所有信息不利于企业与经销商直接面谈交流，招商手册是介绍企业优势信息的一个载体，只能起到一定的宣传作用，而要想达成合作还需要企业代表与经销商进行直接沟通交流。如果招商手册暴露太多企业信息，可能无法激发经销商面谈的积极性，甚至有可能直接打消经销商合作的兴趣。招商手册的设计要尽量让经销商产生联想，所涉及的内容要尽量吸引经销商的眼球。总之，招商手册的设计要恰到好处，信息内容不宜过多也不宜过少，要以能激起经销商与企业直接沟通的欲望为准则。

（2）不要进行刻意的形式模仿。很多企业在策划招商手册时喜欢借鉴其他成功企业的经验，模仿大企业的招商手册，如一些中小型白酒企业可能模仿茅台、五粮液等大型白酒企业的招商手册，以提高自己的宣传效果。但是，这种做法很可能事与愿违。因为大企业的招商手册早已在许多经销商心中“打下烙印”，企业再去模仿无疑有些哗众取宠，不仅会让经销商怀疑企业信息的真伪，还会给经销商留下不诚信的印象。因此，企业在策划招商手册时一定不能盲目模仿，不能为了策划而策划，为了宣传而宣传，更不能哗众取宠、虚假宣传，应该充分发挥自身个性，灵活展现自身卖点，以创新思维、发散思维来组织和策划自己的招商手册。

（3）不要怕浪费制作资金。许多企业对招商手册不够重视，宁愿将更多资源投放到招商广告上，也不愿增加对招商手册的投入，在招商广告上的一掷千金和在招商手册设计上的精打细算形成了鲜明的对比。更令人啼笑皆非的是，在招商手册设计方面，这些企业不仅没有展示自我价值、树立美好形象，反而给经销商留下不够专业、没有气魄的不良印象。所以，企业在策划招商手册时不应在费用上太过苛刻，而要统筹兼顾，把精力用在实处，把钱花在刀刃上。

品牌手册与产品手册的主要内容

◆品牌手册的主要内容

品牌手册能够帮助企业展现更多内容，让客户更全面、详细地了解企业，为企业带来更多招商引资的机会。因此，在招商活动开始之前，企业有必要精心设计一份品牌手册。一般来讲，品牌手册至少要包含四大内容，如图14-3所示。

（1）品牌设计。品牌手册必须展示品牌名称与品牌LOGO，而品牌名称与品牌LOGO都必须经过精心设计，只有这样才能达到更好的宣传效果。需要注意的是，品牌名称设计必须做到简洁、精练，要能够在短时间内给客户留下深刻印象。

（2）品牌定位。科学合理的品牌定位可以体现品牌的核心价值，恰当的品牌定位可以体现品牌的独特气质。因此，品牌手册要展现品牌定位，加深潜在客户对品牌的了解，让潜在客户通过品牌定位洞悉品牌的未来。

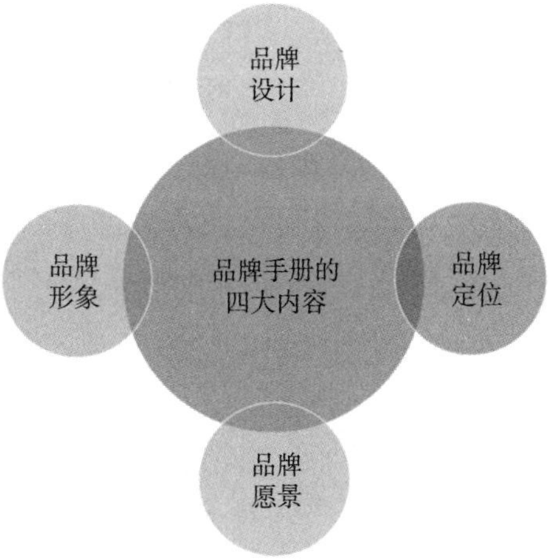

图 14–3　品牌手册的四大内容

（3）品牌愿景。品牌要在品牌手册中展现未来的发展愿景，让客户了解自己的发展规划与发展前景，从而做出支持的决定。

（4）品牌形象。品牌宣传推广需要建立在特定的品牌形象的基础上，因此，品牌要通过品牌手册向潜在客户展示良好的品牌形象。一个良好的品牌形象需要具备三大要素，分别是品牌商标、品牌专卖形象、品牌代言形象。品牌要将这三大要素相结合，彼此配合，共同树立良好的形象。

企业从品牌设计、品牌定位、品牌愿景、品牌形象四个层面着手设计一份有内涵、有品质、有思想、有未来的品牌手册，不仅可以让客户更深入、更全面地了解品牌，发现品牌价值，还可以让客户看到品牌时空系统的力量，看到品牌的未来，产生合作意愿，保证招商活动的成功。

◆产品手册的主要内容

产品手册是企业招商非常重要的工具。一般来讲，一本优秀的产品手册往往具备以下特点：第一，产品手册每一页的内容、结构都比较完整，自成一体，可以单独使用；第二，产品手册整体风格统一，各个页面的风格与整体风格保持一致。借助产品手册精美的图片和简约的文字，企业不仅可以展现产品个性与特点，而且可以将产品优势全方位展示出来。具体来看，产品手册涵盖五大内容，如图14–4所示。

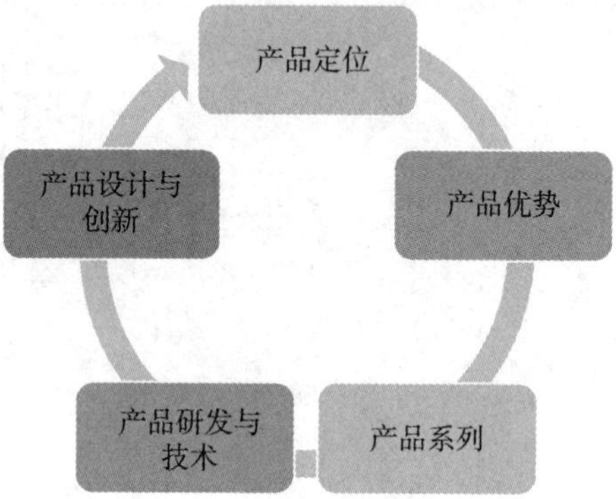

图14–4　产品手册的五大内容

（1）产品定位。简单来说，明确产品定位就是要明确产品的目标消费群体，只有以此为基础，产品信息才能实现精准传递。在招商过程中，潜在客户可以根据企业的产品定位推测消费群体的规模以及产品的市场容量，如果推测结果比较理想，他们与企业的合作意愿就会比较强。所以，企业的招商手册要明确展示产品定位，凸显产品优势，吸引更多企业前来寻求合作。

（2）产品优势。产品优势指的是企业产品与同类产品相比较，在材质、设计、外观、色泽、构造、性能、指标等方面的独特之处。招商产品手册必须阐明产品优势，精心编排，做好宣传。

（3）产品系列。在招商过程中，潜在客户不仅关心招商企业的产品优势，还关心招商企业的产品系列。一般来说，一个好的产品系列应该具有丰富性、协调性和层次性，即产品类型丰富，各类产品之间互相补充，产品结构清晰、层次分明。如果招商企业的产品系列具有这三大特点，一定要在产品手册中展现出来。

（4）产品研发与技术。产品质量与产品研发、产品技术密切相关。企业通过产品手册展示自己的产品研发与技术实力，可以让潜在客户了解企业的产品质量保障机制。该机制越强大，企业越能吸引客户前来合作。

（5）产品设计与创新。企业要在招商产品手册中展示自己的产品设计能力与创新实力，展现产品的卖点与优势，更好地完成招商目标。

企业要对产品手册中的内容进行精心设计，树立良好的产品形象，形成产品特色，展现产品卖点与优势，从而提高潜在客户对企业的认同感，激发潜在客户与企业合作的兴趣。

第15章
数字化建设：品牌数字化传播策略

数字化媒体时代的品牌传播特征

在信息化时代，传统的品牌建设方法不再适用，企业家纷纷开始探寻利用数字化媒体建设企业品牌的方法，寻找传统企业应对市场变化的策略，希望能增强自身的竞争力，让企业、品牌成为数字化时代的领跑者。

简单地讲，数字化媒体是利用互联网信息化技术对传播信息进行加工处理的一种物体和载体。对于数字化媒体的定义，虽然不同研究者由于切入角度不同而有所差异，但基本上都认同数字化媒体本质上是一种互联网媒体，是依托电子信息技术，以互联网为传播介质的一种全新的信息处理、加工与传递模式。

科技的快速发展将世界各地紧密地联系在一起，以互联网信息化技术为依托的数字化媒体成为全球信息传递的主要工具。因此，将数字化媒体合理地运用到品牌传播过程中，对企业品牌建设具有重要意义。数字化媒体的五大特点如图15-1所示。

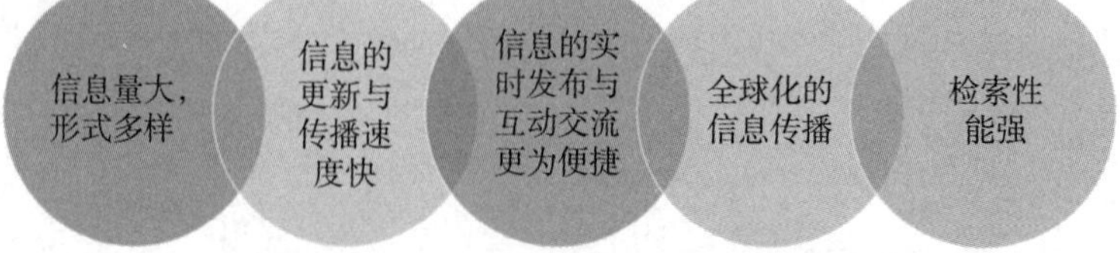

图 15-1　数字化媒体的五大特点

◆信息量大，形式多样

传统大众传播媒介的信息发布在时间、版面、时长等方面有着诸多限制：报纸的版面和信息承载量有限，最多几万字，虽然可以增版扩容，但运营成本也会随之提高；电视广告以秒为单位收费，价格很高，有着时长限制。可见，传统大众媒体的使用门槛都比较高。

与传统大众媒体不同的是，数字化媒体以互联网为支撑，将信息分解为比特（Binary Digit，BIT）与字节（Byte，B）存储在服务器中，其承载传播的信息总量是传统大众传播媒介无法媲美的。

此外，与传统大众媒体单一的内容呈现方式相比，数字化媒体的信息形式更加多样化。数字化媒体既可以使用文字、图片等传统信息呈现方式进行信息加工与处理，也可以借助互联网数字化技术，以音频、视频、动画、短片、微电影等更加生动形象的方式向人们传递信息，更容易引起人们的关注和兴趣。

◆信息的更新与传播速度快

报纸、电视等传统信息传播媒体的信息发布和传播需要在规定时间内进行，有一定的时间周期；而以互联网为依托的数字化媒体不受时间限制，可以随时随地进行信息发布、更新与传播。

例如，对于突发性的热点新闻事件，电视媒体只能在规定时间内发布，而数字化媒体则可以在第一时间对热点事件进行报道并实时发布后续追踪信息。因此，数字化媒体的信息更新与传播速度是以秒为单位的，远远超过报纸、电视等传统媒体按照固定周期发布的传播速度。

◆信息的实时发布与互动交流更为便捷

与传统媒体相比，数字化媒体在信息传播方面具有实时性和互动性的双重优势。

（1）实时性是指数字化媒体中的信息发布不受固定发布周期的限制，可以全天候、随时随地进行传播，从而有效地解决了最新资讯无法在第一时间传递给大众知晓的难题。

（2）互动性是指在数字化媒体平台中，大众不再是单纯的信息接受者，而是可以通过分享、转发、评论参与到信息生产传播过程中，是信息传播的重要力量，也是数字化媒体对传统大众媒体最具革命性的颠覆。

从品牌传播的角度看，传统大众媒体下的品牌传播是企业向消费者发布品牌相关内容，信息传递是单向的。而数字化媒体赋予了大众更多话语权，消费者不再是被动的信息接受者，而是可以借助数字化媒体参与到品牌信息的生产传播过程中来，与企业共建品牌、共创品牌价值。

◆全球化的信息传播

数字化媒体的发展成熟和广泛普及打破了信息传播的时空限制，使信息可以在世界范围内同步流动与传播。简单来看，在数字化媒体构建的信息世界里，区域、语言、文化等方面的限制不复存在，全球各地不同国家的人可以进行实时交流与沟通，使信息传播实现全球化。

◆检索性能强

数字化媒体相对于传统大众媒体的另一个重要优势是具有快速检索功能。传统传播媒介只是单向地推送信息，作为受众的用户不能根据自身需求主动索取信息。而数字化媒体则允许用户在个人终端设备上通过关键词搜索、交互检索等方式获取自己需要的信息，使信息传播更精准，从而大幅提高信息传播的效率和效果。

新媒体环境下的品牌建设与路径

在新媒体环境下，企业要提高品牌传播效率与效果，做好品牌建设，促使自己实现可持续发展，就必须改变以往的品牌传播策略，将新媒体深度应用到品牌传播过程中来。对此，企业可以从以下四点发力进行品牌传播，如图15–2所示。

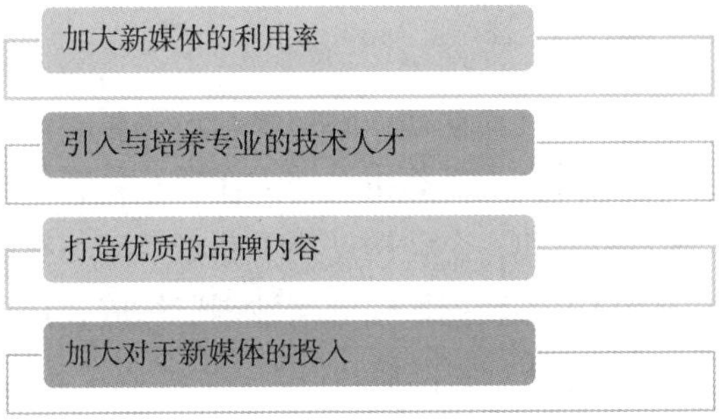

图 15–2 新媒体引爆品牌传播的四大策略

◆加大新媒体的利用率

企业要突破传统品牌传播思维与模式束缚，加大对新媒体的接触率与利用率，充分发挥新媒体在品牌传播方面的巨大价值。简单来讲，面对新媒体的快速发展普及，企业应该对内部运营管理者和宣发人员开展与新媒体相关的专业培训，让他们深刻认识到新媒体的重要作用，掌握使用新媒体的原则和技巧，使新媒体成为企业开展品牌传播工作的重要支撑。

◆引入与培养专业的技术人才

随着电脑、平板、手机等各类智能终端广泛普及，新媒体传播的受众变得十分广泛。企业想要真正发挥出新媒体对品牌传播的重要作用，必须积极引入、培养熟谙互联网信息化技术和新媒体推广的专业技术人才，即企业应该围绕品牌传播与新媒体有机结合这一诉求，引入与培养兼具理论性和实践性的专业技术人才。

具体来看，新媒体引导下的企业品牌传播需要两方面的人才：一是互联网信息化专业技术人员，主要是通过相关网络的技术建设为企业品牌传播提供有力的技术支持；二是互联网营销人才，主要是帮助企业适应互联网时代的营销思维与规则，拓展创新企业的营销模式、方法与活动，实现品牌传播效果最大化。

◆打造优质的品牌内容

在“内容为王”时代，企业的品牌信息要从海量信息中脱颖而出吸引消费者关注，让消费者对自身品牌留下深刻印象，就必须加强网络形象建设，丰富新媒体内容。例如，企业网站要不断增加有料有趣的内容并创新信息呈现形式，为用户提供轻松愉悦的网站浏览体验，让用户自然而然地了解并认可企业文化，记住品牌传播亮点。

同时，针对新媒体时代信息快速更新和流动的特点，企业也应加强品牌信息更新，围绕目标受众需求对品牌故事、品牌内容等进行再加工创作，让品牌信息保持持续更新，不断为消费者提供有料有趣的内容体验，获得消费者的认可和青睐，打造良好的品牌形象。

◆加大对新媒体的投入

新媒体以互联网信息化技术为支撑，所以要在新媒体利用方面投入大量资金，这成为企业使用新媒体进行品牌传播的一大痛点。成本较高导致一些企业由于缺乏充足的运营资金而无力使用新媒体，还有一些企业因为思想观念和认知上的偏差缺乏对新媒体的重视和投入，认为投资新媒体对企业品牌传播并没有多大益处。

因此，企业要转变固有的营销思维与观念，加大对新媒体的投入，为利用新媒体进行品牌传播提供有力的资金保障。作为以互联网信息技术为依托的新型传播载体，对新媒体的使用离不开专业的技术设备以及具有专业知识与技能的人才，而不论技术设备的引进还是专业人才的培养，都需要充足的资金支持。

当前，新媒体已经广泛覆盖到社会生产生活的各个方面，并凭借在信息传播上的高效率和高质量优势，逐渐成为市场营销活动的重要工具和手段。品牌是企业核心价值与文化的集中体现，企业的良性发展离不开成功的品牌传播。然而，由于营销观念、技术、资金等诸多方面的限制，我国一些企业还没有对利用新媒体进行品牌传播予以高度重视，给品牌建设与发展造成了不良影响。

在这种情况下，一方面，企业要高度重视品牌对企业发展的重要作用，做好品牌传播工作；另一方面，企业要对蓬勃发展的新媒体产生全面深刻的认知，加大对新媒体的资金投入以及对专业技术设备的引进力度，加强专业人才的培养，积极利用新媒体提高品牌传播效率，改善传播效果，推动企业品牌建设和整体发展。

社交营销：品牌的社交媒体传播

社交媒体的推广普及在极大地方便人们聊天交友、获取并传播信息的同时，也对商业社会的发展产生了深远影响。社交媒体的类型十分多元，包括早期的论坛、贴吧、SNS，近期的微博、微信、直播平台等，有的社交媒体偏向陌生人社交，有的社交媒体则偏向熟人社交。

◆社交媒体营销VS传统媒体营销

社交媒体营销和传统媒体营销在传播形式与传播内容方面的差异尤为明显，如表15–1所示。

表15–1　社交媒体营销和传统媒体营销的差异

	传统媒体营销	社交媒体营销
传播方式	传统媒体的信息传播具有强迫性、单向传播的特性，消费者缺乏主动权。消费者想要利用这些媒体获取自己感兴趣的内容，就必须接受这些广告信息	微信、微博等社交媒体具有开放性、互动性，人们可以根据自己的兴趣爱好获取信息。因为用户有较高的主动权，所以将产品及品牌信息植入用户感兴趣的内容中，就成为了一种主流的营销方式。更关键的是，社交媒体还可以让企业和用户进行充分的沟通交流，根据用户的反馈对产品及服务进行优化调整，改善业务流程，从而提高经营效率，降低成本
传播内容	传统媒体具有一定的垄断性质，广告商无须考虑用户感受，简单粗暴地向用户介绍产品功能、性价比即可	微信、微博等社交媒体是开放的，用户可以选择不去浏览那些自己不感兴趣的信息。所以，企业通过社交媒体传播内容时，必须充分考虑目标用户的需求，尽可能地使用他们感兴趣的内容来获得更多关注

作为主流的流量入口，社交媒体营销受到了各个企业的高度重视，甚至很多企业通过同时在微博、微信、贴吧、论坛等社交媒体中运营公众号打造了媒体矩阵，通过传播文字、图片、音频、视频等各种形式的营销内容引起了用户的广泛关注，刺激冲动购买及口碑传播。

◆社交媒体营销的实战策略

企业想要借助社交媒体做好营销，必须做好以下五点（见图15–3）：

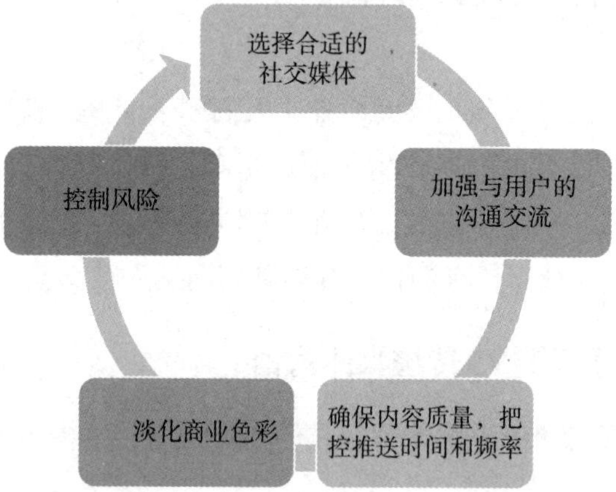

图15–3 社交媒体营销的五大实战策略

（1）选择合适的社交媒体。社交媒体十分多元化，而且随着技术不断突破，将出现更多新社交媒体。对大部分企业来说，同时运营多个社交媒体需要耗费大量的人力、物力，导致企业的运营成本显著增加。更为可行的方案是根据目标用户及产品特性，选择目标用户相对集中的一个或少数几个社交媒体进行营销推广。

例如，人们购买汽车时，因为汽车的价值相对较高，所以购买时相对谨慎，决策周期相对较长，会广泛听取亲朋好友的意见。在这种情况下，社交圈内好友的口碑传播就能对用户的消费决策产生较大影响，因此，选择那些具有社群性质的QQ群、微信群及朋友圈、贴吧、论坛等传播品牌信息，更容易完成购买转化。

（2）加强与用户的沟通交流。社交媒体可以缩短企业和用户之间的距离，为企业和消费者实时交互提供一条高效、便捷、低成本的通道。所以，企业应该充分利用社交媒体引导用户和企业进行沟通交流，对产品及服务提供反馈。

（3）确保内容质量，把控推送时间和频率。在自媒体时代，人们身边每天充斥着海量推广信息，给日常生活与工作带来了一定的负面影响。如果企业不能保障内容质量，不仅不会达到预期的营销效果，还会让用户产生抵触情绪。同时，把控内容推送时间和频率也非常关键，即便是高质量的内容也应该选择在人们有空闲的时间推送，这样才能获得较高的阅读量。同时需要注意不能过度推送，推送信息过多会影响人们的正常生活及工作。

（4）淡化商业色彩。过度商业化的信息很容易引发人们的反感，应通过将产品及品牌巧妙地植入人们感兴趣的内容中，让产品和品牌在不知不觉中给人们留下深刻印象，从而影响其消费决策，促使其主动进行口碑传播。当然，为了在消费者心中留下良好印象，企业可以多传播一些正能量的内容。

（5）控制风险。社交媒体营销风险包括账号安全、发布有争议的内容、员工的不当言行等。社交媒体账号安全问题值得所有企业高度重视。社交媒体公众号作为企业发声的重要渠道，以及企业和用户交流沟通的媒介，如果出现安全问题，如犯罪分子为牟私利盗窃企业公众号发布虚假信息等，将给企业带来不可挽回的重大损失。

企业社交媒体发布有争议的内容也可能给企业带来较大风险，如为了向某个热点事件借势，不经过深思熟虑发布违背社会伦理道德，甚至有地域、民族歧视色彩的内容，很容易引发信任危机，情况严重时还有可能被监管部门赶出市场。

员工的不当言行经过社交媒体传播也可能给企业带来负面影响，很多企业会要求员工关注企业公众号，通过评论、点赞、转发朋友圈等形式帮助企业进行营销推广。在这种情况下，员工个人的不当言行很容易和企业产生关联，经过竞争对手的恶意炒作后给企业带来公关危机。所以，企业通过制定一定的规章制度规范员工在社交媒体账号上的言论及行为很有必要。

企业利用社交媒体开展营销活动时，不仅要借助社交媒体内部的天然流量，还要善于利用外部流量，如通过开展搜索引擎优化引入庞大的搜索流量。对搜索引擎优化而言，关键词设置是核心，精准的关键词可以让企业的营销内容出现在搜索结果页面更靠前的位置，获得更高的曝光率，帮助企业实现提升产品销量、做好品牌建设等营销目标。

【案例】维珍航空：社交媒体时代的营销战略

虽然各企业要根据自己的实际情况决定是否使用社交媒体，如何使用社交媒体，但所有企业都要掌握社交媒体的使用方法，让其成为自己营销战略的重要组成部分。那么，具体来看，企业要如何用社交媒体完善自己的营销战略呢？

通过对不同企业的营销战略和业绩进行分析，我们发现成功的品牌有四大特点：

- 成功的品牌都发布有价值的客户承诺。
- 成功的品牌都践行自己的承诺，逐渐获取消费者的信任。
- 成功的品牌能持续改善客户关系，为市场增长提供持久动力。
- 成功的品牌能打破传统，持续创新，发掘自己的新优势。

随着社交媒体强势崛起，对于企业来说，这四项内容变得越发迫切。但以社交媒体为工具，企业在这四个方面能有更好的表现。以维珍航空公司为例，对企业利用社交媒体夯实品牌基础的做法进行全面分析，可以总结为图15-4所示四点。

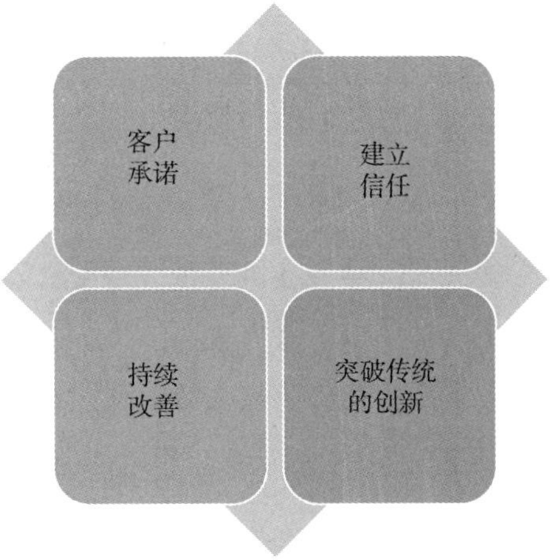

图 15-4　企业利用社交媒体开展营销的四大策略

◆客户承诺

客户希望维珍航空能做出以下承诺：持续创新，诚信，享受到有趣、轻松的乘机体验，感受到维珍航空的关怀。于是，维珍航空利用各个客户接触点对这一承诺做了强化，包括宣传资料、客服中心、旅行社、旅游网站等。同时，借助社交媒体，维珍航空还对顾客对品牌承诺的理解程度以及品牌承诺对顾客的意义做出了有效判断。另外，维珍航空还保证所有的社交媒体活动都与品牌价值理念相符，并对其理念产生了有效支持。

◆建立信任

信任是通过服务的提供建立起来的。一旦出现问题，保证顾客的知情权能在很大程度上减少甚至避免公关危机。例如，2010年春季，欧洲发生“火山灰危机”，由于事态变化太快，维珍航空的官网无法及时更新信息，只有借助Facebook和Twitter两大社交平台与客户沟通，虽然获取了部分顾客的信任，但也招致很多顾客的不满。在顾客的负面评论中，维珍航空发现了自己的不足，认识到自己应该在遇到危机时更及时地向顾客提供信息。于是，维珍航空完善了自己的官网，在Facebook和Twitter平台增添了网页链接，使其与自己的官网形成了互补。

◆持续改善

对于包括维珍航空在内的大部分企业来说，收集顾客意见，持续改善自己的运营情况是社交媒体最大的价值。自1984年创立以来，维珍航空在运营过程中始终以客户体验为立足点。随着旅游博客的数量越来越多，这一重点也变得越来越突出。例如，公司发现飞行常客会为频繁出现的安全信息要求而烦恼，于是推出了安全自选服务。又如，公司听取网友的意见推出了拼车服务，为乘客乘车提供了极大的便利。维珍航空的品牌承诺并没有因为这些措施而改变，反而通过这些措施对自己的服务做了进一步完善。

◆突破传统的创新

在创新方面，维珍航空获得了诸多奖项，机上娱乐系统、豪华经济舱等产品就是其中的典范。维珍航空的创新思路很多来源于社交媒体。例如，通过用户在Facebook上的互动交流，维珍航空发现了一个尚未开发的细分市场——消费者大型旅行计划。

一般来说，在开展大型旅行计划之前，消费者会事先做好策划，与其他旅行人员交流，以获得更多有价值的信息。鉴于此，维珍航空打造了一个旅游网站，方便客户与主持人沟通交流，获取更多有价值的信息，分享自己的故事，制订自己的旅行计划，策划自己的旅行活动。

Part 6
营销内容

导读

营销内容在一定程度上决定着营销活动的成败，根据内容的不同可以划分出不同的营销方式，如内容营销、故事营销和IP营销。内容营销的核心在于打造爆款内容，引发病毒式传播，扩大传播范围，保证营销效果。第16章结合网易云音乐的内容营销实战，对内容营销的策略以及内容营销最常用的两大方法——情绪共振与营销变现进行深度探析，帮助读者掌握内容营销最实用的方法与技巧。

故事营销的核心在于为品牌编写一个故事，可以是创始人的故事，也可以是品牌诞生的故事，还可以是关于某个产品的故事，目的在于增进与受众的沟通，引发受众共鸣，刺激受众消费。第17章对引爆传播的优质故事必备的六大特征、四大要素以及引爆传播的策略与方法进行全面分析，帮助读者玩转故事营销。

IP营销的核心在于打造品牌IP，扩大品牌的影响力，为品牌吸引一大批粉丝。第18章结合小猪佩奇IP营销实战，对打造超级IP品牌的核心要素以及品牌开展IP营销的策略方法进行全面阐述，帮助读者深入了解IP营销，掌握IP营销的具体策略与方法。

第16章
内容营销：利用内容实现品牌转化

内容营销时代的品牌机遇和挑战

随着社会不断发展，人们使用媒体的习惯在不断改变，电视的收视率不断下降，互联网因使用方便、广告少等特点受到了广大用户的喜爱。并且，随着人均可支配收入不断增长，人们对生活水平与生活质量的追求越来越高，越来越多的消费者开始前往电影院观看影片。原有的媒体模式逐渐被新媒体取代，成为备受人们喜爱的媒体类型。

在这种新媒体模式下，传统的品牌内容模式不再适用，企业要想提升品牌营销效果，让品牌营销效果达到最佳，就必须不断地对营销模式进行创新，以在市场上占据有利地位。在此形势下，品牌内容营销逐渐成了一种全新的企业营销模式。

这里所说的“内容营销”指的就是借助电影、电视等媒体，将产品信息植入节目内容，将品牌营销与节目有机结合在一起，让用户在观看影片的过程中不知不觉地对品牌产生了解的一种营销方式。对于品牌建设来说，这种营销模式的出现意义重大，它不仅能让消费者高度参与品牌的营销活动，还能增强消费者对品牌的认知，让品牌营销取得应有的效果。

对于企业来说，内容营销不仅为其带来了机遇，还为其带来了诸多挑战。所以企业必须紧跟时代发展趋势，积极应对这些挑战，以获取更大的利益。

◆内容营销给企业品牌带来的机遇

内容营销给企业品牌塑造带来了很多机遇，如图16-1所示。

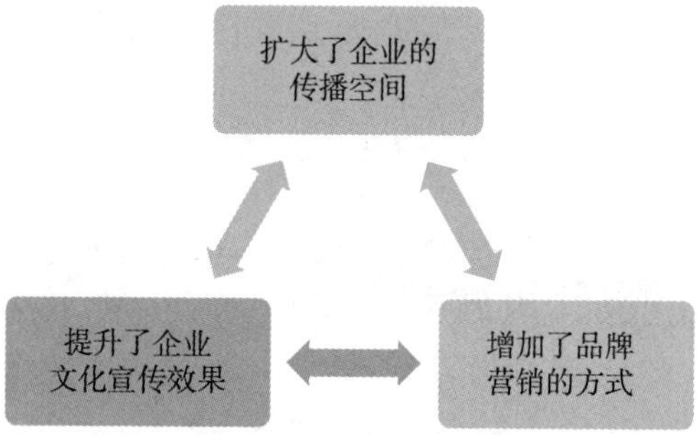

图16-1　内容营销带来的机遇

（1）扩大了企业的传播空间。一般来说，媒体节目能将年龄相仿、性格相似、志趣相投的观众聚集在一起，这种作用就是常说的“聚类作用”。企业将品牌宣传与媒体节目相融合，能够将产品现存的、潜在的消费者聚集在一起，让品牌宣传内容在最大程度上引发消费者关注，使品牌宣传效果大幅提升，让企业能够以更精准的方式与客户沟通、交流，对消费者需求进行深入了解，使企业的市场影响力不断提升。

（2）增加了品牌营销的方式。企业要想长久地生存、发展就必须做好品牌建设，在企业发展的过程中，品牌营销策略的制定起着关键的作用。传统的品牌营销策略的灵活性较差，要想提升消费者对品牌的认知只能强行植入。一般情况下，这种营销方式很难吸引消费者广泛关注，且不被消费者喜爱，营销效果较差。品牌内容营销的出现则改变了这一情况，不仅丰富了品牌营销的方式，而且通过将内容与节目的有机融合增强了消费者对品牌的印象，使营销效果大幅提升。

（3）提升了企业文化宣传效果。对于企业品牌来说，企业文化是至关重要的因素，体现了企业的凝聚力。通过企业文化的传播，能让消费者对企业发展背景有一个全面、深入的了解，从而提升产品宣传效果。借助品牌内容营销，消费者能根据节目内容对品牌文化进行深入了解，通过一个全新的视角对产品进行宣传，增强企业在消费者心目中的印象，有利于企业形象建设，企业可以一边推广产品，一边宣传企业文化。

◆内容营销给企业品牌带来的挑战

作为一种全新的营销模式，品牌内容营销一出现就备受争议，它不仅是营销策略的创新，还是一场思想观念变革，在发展初期会遇到诸多挑战，具体如下：

第一，媒体节目存在已久，人们已经形成了固定的思维模式，而品牌内容营销则打破了这种传统的营销模式，将广告类型的新元素引入节目，容易引发受众反感。

第二，品牌内容营销模式出现不久，尚不成熟，营销策略有待完善，将营销内容植入节目的方式比较生硬，不能与节目深度融合，使观众在观看节目时不能完全投入，无法达到预期的营销效果。

第三，品牌内容营销模式还未形成标准规则、统一规范，企业在使用的过程中随心所欲，给行业发展带来诸多潜在风险。另外，企业的主观意识较强，导致实际应用效果不佳，给企业发展带来诸多不良影响。

品牌内容营销模式的技巧与策略

随着品牌内容营销的出现，企业迎来了很多全新的发展机遇，品牌宣传效果不断提升，企业文化宣传力度不断增强。但由于这种营销模式尚不健全，企业在使用的过程中不得不面临诸多挑战。为此，企业必须不断创新，对营销策略进行持续完善。为了进一步做好品牌内容营销模式建设，企业必须做好以下几点（见图16–2）。

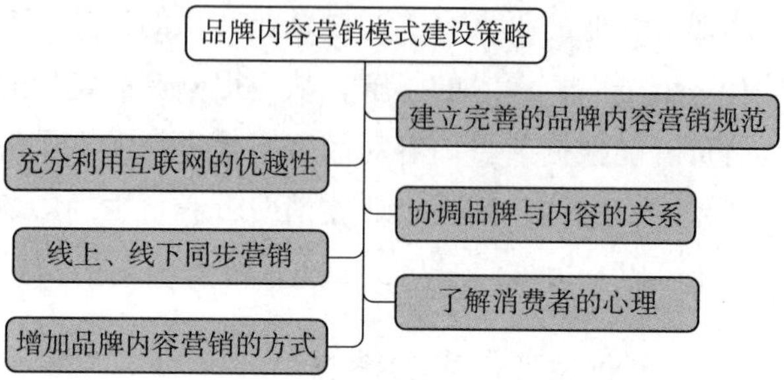

图 16–2　品牌内容营销模式建设策略

◆建立完善的品牌内容营销规范

当下，企业都在自行实施品牌内容营销策略，统一的行业规范尚未形成，使得品牌内容营销的效果参差不齐，营销效果较差的品牌内容营销策略会使消费者对整个行业产生错误认知，使品牌内容营销模式的发展受到严重阻碍。要想让品牌内容营销模式实现稳定发展，发挥出应有的作用，必须建立完善的品牌内容营销规范，明确基本要求，如有企业违背、破坏行业规范要对其发出严厉警告，为行业的稳定发展保驾护航，让品牌内容营销真正为企业发展平添助力。

◆充分利用互联网的优越性

进入互联网时代以来，社会各行各业都实现了迅速变革。在互联网的作用下，世界相互联结形成了一个整体，具有了交互性、便捷性的特点。将互联网技术引入品牌内容营销，能推动这种营销模式迅速创新、发展。再加上互联网的共享性，网络信息传播的免费性，企业借互联网对品牌内容营销模式进行创新能产生两种效果：一是能提升品牌营销效果；二是能降低品牌营销成本，推动营销模式加速变革。

◆协调品牌与内容的关系

要想保证品牌内容营销模式的应用效果，企业必须将产品非常自然地植入节目，在潜移默化中增强消费者对品牌的认知，以免商业气息过重使节目效果受到不良影响。一般来说，品牌内容营销可采用三种模式，如图16–3所示。

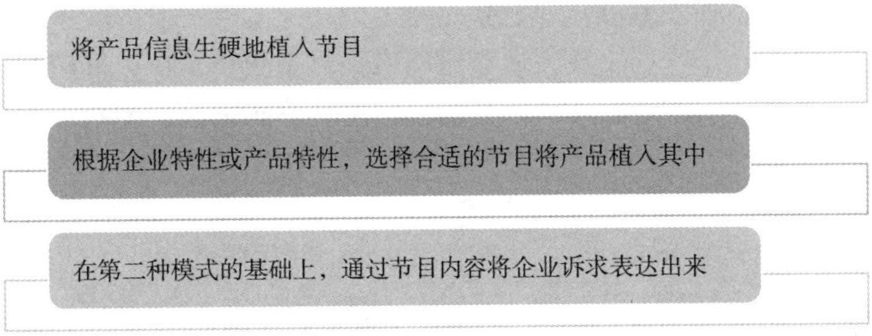

图16–3 品牌内容营销的三种模式

（1）将产品信息生硬地植入节目。在品牌内容营销模式中，这是一种最基础、效果最差的模式。在这种模式下，产品不能与节目内容实现深度融合，以非常突兀的方式出现在节目中，不仅无法让企业做好品牌建设，还会使企业形象受损，使消费者对企业或产品的好感一落千丈。

（2）根据企业特性或产品特性，选择合适的节目将产品植入其中。在这种营销方式下，企业能面向特定群体对产品进行宣传，获取潜在消费者。相较于第一种营销模式来说，这种营销模式更加柔性化，能与品牌实现高度契合。

（3）在第二种模式的基础上，通过节目内容将企业诉求表达出来。在这种营销模式下，不仅节目更加精彩、好看，而且消费者能对企业进行深入了解，增强对品牌的认知，提升企业的市场影响力，达到预期的品牌营销效果。

因此，在开展品牌内容营销的过程中，企业要尽量规避第一种模式，要根据实际场合选择合适的方法对产品进行宣传，增强消费者的产品体验，在不知不觉中对消费者心理产生影响，以提升企业的市场影响力，做好品牌建设。

◆线上、线下同步营销

对于企业品牌建设来说，线下的营销活动也非常重要。线上的品牌内容营销能增强消费者对品牌的认知与好感，与此同时，如果企业能在线下进行大规模的宣传，如上映电影或播放电视节目，就能使企业影响力进一步提升。为此，企业要与媒体发布方做好沟通，通过线下宣传造势制造话题，提高热度，加深消费者对产品或企业的印象，维护节目塑造出来的企业形象。例如，企业利用覆盖面极广的电影海报与传播性极好的网络媒体包围消费者，让消费者高度认同产品，以做好品牌建设，塑造良好的品牌形象。

◆了解消费者的心理

企业开展品牌内容营销就是为了让消费者更全面、更深入地了解产品，增加产品的使用量，以获取更多利润。因此对于企业来说，消费者是根基。企业要想创新品牌内容营销模式就必须了解消费者接受信息、处理信息的机制，了解其消费心态。在选择产品时，既需要理性思维，也需要感性思考。虽然人们的消费理念正在随经济发展而改变，购物行为与态度越来越理性，但在实际消费的过程中，在消费者了解品牌、做出购买决策的过程中，攀比、炫耀等感性因素仍发挥着很大的作用。

因此，企业要用历史数据对消费者心理进行分析，对不同消费群体的利益关键点做出明确定位，并以此为基础重构价值链，增强消费者对产品的信赖。另外，部分年轻的消费者存在严重的模仿与追随心理，会模仿、追随偶像做出一些购买决策。因此，企业在开展品牌内容营销时要将产品信息放在与主角相关的位置，强调产品信息，吸引消费者注意，从而进一步壮大消费群体的规模。

◆增加品牌内容营销的方式

现阶段，在人们的日常生活中，新媒体发挥的作用越来越重要，并且随着科技不断革新，媒体类型越来越多。以这些层出不穷的新媒体为载体，品牌内容营销模式能实现更好的创新，因此，企业要不断丰富品牌内容营销的模式，借多种多样的新媒体来进行品牌建设。

互联网技术的迅猛发展是新媒体时代到来的重要标志，在互联网技术的作用下涌现出了大量新媒体，如微博、微信等，为社会生产变革的持续演进提供了极大的助力。因此，品牌内容营销不能仅将重点放在电视、电影等传统媒体领域，也要关注微博、微信等新媒体。新媒体的传播速度快、共享率高、营销成本低，非常适合企业开展品牌内容营销，所以企业要顺应新媒体发展的这一潮流，持续丰富品牌内容营销的方式，塑造企业形象，推动企业快速发展。

通过应用品牌内容营销，企业的营销活动变得更具活力，品牌营销内容更为丰富，品牌营销效果也更好。品牌内容营销模式不仅为企业带来了新的发展机遇，也为企业带来了一系列挑战。因为目前企业的品牌内容营销体系尚不健全，行业规范也尚未形成，所以在实际应用的过程中会出现许多问题。为了规避这些问题，企业必须选择合适的节目内容，充分发挥互联网的各种优势，对行业规范进行有效完善，对消费者需求进行充分了解，推动品牌内容营销模式尽快变革，推动企业快速发展。

情绪共振：品牌内容营销的关键

在生物学家看来，人在生活及工作中表达出来的情绪相当复杂，虽然很多人认为情绪无非就是喜怒哀乐，但其实人的情绪绝非这几种，而且情绪转变非常快。

情绪在人们日常生活与工作中扮演着十分重要的角色，正是在各种情绪的驱动下，生活才变得更加绚丽多彩。人们在解决一个难题后，即便刻意压制自己的情绪，内心深处的激动和喜悦也会在较长一段时间内通过言行举止表达出来。相应地，当被他人否定或指责时，人们内心深处会滋生反抗和怨愤情绪，冲动的人很可能会不顾后果地将这种情绪直接表达出来，而成熟稳重的人可能会经过一番思考后做出毫不在意的表现。

在商业行为选择与判断方面，情绪同样会对人们施加影响。当见到自己喜欢的门店和产品时，内心深处的舒适和喜悦会驱使着人们进入门店，挑选自己想要的产品，购买完成后，还乐于将其分享到社交圈中。

情绪很难被压制，更不可能被彻底消灭，就像DNA一样是一种与生俱来的事物，没有了情绪，人们的生活会变得枯燥、乏味。而在国际市场中，那些有强大影响力的品牌总是能够充分发挥情绪的感染力，让人们在面对诸多的同质化商品时，产生最有利于自己商品的情绪。在内容营销实践中，如何通过运用各种策略，实现和目标群体的情绪共振，成为国内营销从业者亟须解决的重点问题。

在同质化竞争泛滥与信息严重过载的时代背景下，内容营销已经成为企业高效低成本地吸引消费者，促成转化的一个主流营销方式，是每一个营销从业者都需要掌握的重要技能。企业开展品牌营销活动最关键的目标，是通过向目标群体传递极具感染力的品牌内容来提高品牌知名度，并促成交易，这也是品牌营销活动背后的真正逻辑。内容营销使品牌更容易传递文化理念、生活方式、价值主张等，从而引发用户情绪共振。

内容营销强调将产品和品牌融入优质内容，在不知不觉中对消费决策产生影响。让用户产生情绪波动，并予以表达，是衡量内容营销效果的重要指标。实践证明，如果无法产生情绪波动，人们很难在海量的同质化商品中注意到某种产品及品牌，更不可能去购买。

例如，在乘坐地铁时，虽然地铁站有一个非常大的广告牌，但由于其图片和文案缺乏亮点，人们只是匆匆走过，不会产生深刻印象，虽然每次上下班时都会从其旁边经过，但始终无法产生深刻印象。该现象产生的主要原因在于这个广告牌未能提供引发人们情绪共振的内容，导致人们对其缺乏足够的兴趣，从而会本能地忽略。如果是那些能够引发情绪共振的事物，人们会在生活与工作中投入大量的时间与精力，甚至毫不在意外界的眼光。也就是说，当企业营销内容展示在目标群体面前时，如果目标群体不感兴趣，不会产生情绪波动，意味着内容营销很难取得预期效果。

当然，由于个体在兴趣爱好、理解能力、受教育程度、生活环境等方面的差异，人们面对同一篇文案时会产生不同的情绪：有的人会感到兴奋、激动；有的人会感到生气，并在评论中反驳其观点；还有的人会毫无兴趣；等等。这就决定了企业在开展内容营销时，需要尽可能地针对目标群体的特性，向其推荐其感兴趣的内容，如向儿童推荐动漫、向喜欢娱乐的年轻人推荐娱乐节目等。

在新媒体时代，“标题党”越来越多，除了应对信息过载问题的客观因素外，营销人员还想要在第一时间引起目标群体的情绪波动，激发人的求知欲与探索欲，引导用户点击文章并阅读。当然，成功的内容营销不一定要让人们产生某种特定的情绪，虽然大部分情况下，喜悦、舒适、感动、温暖等正面情绪对促成交易更为有效，但在特定的营销场景中，悲伤、愤怒等负面情绪效果更佳。

营销变现：如何实现与用户共振

◆激发用户产生对品牌有益的情绪

让用户产生对品牌有益的情绪，是通过内容营销达成交易的关键所在。如果在阅读营销内容时，目标群体认为其观点有问题、品牌体现的生活理念不符合他们的价值观等，自然很难对产品及品牌产生良好印象，更不可能购买。

在网络世界，我们经常看到，很多网民会因为某个公众号发布的一篇文章而关注、点赞，但没过多久，就因为该公众号发布的一篇文章与其生活理念有较大的出入而取关、拉黑，甚至在粉丝评论中严厉指责。

对于企业营销人员来说，通过内容营销让用户产生对产品及品牌有利的情绪，并非一件易事。需要企业对目标群体保持高度关注，搜集并分析相关数据，描绘出清晰的用户画像，选择合适的渠道为用户推荐定制内容，这样才能更好地达成预期目标，让用户主动帮助企业进行口碑传播。

偏向公益性质的文案，往往能够催人泪下；富有创意的文案，则会让人眼前一亮；而充满哲思的文案，能够引发人们对人生的思考，进行自我反思等。营销内容让目标群体产生对品牌和企业的认同感与归属感，对确保内容营销的最终效果具有十分积极的影响。

春节期间，大部分品牌的内容营销主题都是围绕家、团圆展开，并通过公众号文章、短视频、H5小游戏，甚至是微电影等各种形式的内容进行表达，如图16–4所示。在精心设计的营销场景中，让目标群体产生代入感与体验感，引发其情感共鸣。确保内容营销最终可以取得预期效果，需要营销人员同时考虑用户心理、文化氛围、环境氛围及品牌诉求等多种因素。

图 16–4　良品铺子新年“家乡话挑战赛”活动

在生活中人们经常提到的“三观”，是指自己与他人对某种事物或观点的认知，毋庸置疑，当其中一方产生“三观尽毁”的感觉时，双方便很难达成一致。内容营销也是如此，如果内容表达的观点不符合目标群体的认知，便很容易被其忽略甚至留下负面印象。一个喜欢深度思考的人很难在肤浅的内容中获得满足感，在遇到这类文章时，会潜意识地自动忽略，甚至会在自己的生活感悟中将其作为反面教材。

企业在开展内容营销之前应该明确自身的诉求，简单地说就是明确想要通过内容营销获得怎样的用户群体，其购买力、生活方式、文化理念等处于何种状态。

◆情绪加强，让他去关注、分享、收藏

阅读数、分享数、收藏数、评论数等被作为考核内容营销效果的几大关键指标，体现了营销内容传播的广度及深度，对目标群体行为的影响等，对引发大范围的话题讨论，吸引社会各界的高度关注，具有巨大价值。

当营销内容所表达的价值主张符合用户的情感与精神追求时，他们便会主动帮助企业进行营销推广，收藏文章并点赞、在用户评论区留言、将营销内容转发到朋友圈中等。从实践来看，现实中人们比较常见的情感与精神需求包括：知识渴望、社会地位、表达态度与观点、体现个人品位等，当企业的营销内容可以满足这些需求时，人们才愿意花费一定的时间与精力阅读内容，并帮助企业进行营销推广。

当然，为了确保达到预期目的，企业不能仅将自身的精力集中到用户需求满足方面，还要善于进行情绪引导，促使其做出更加有利于产品购买及品牌传播的行为。不难发现，在那些以提高产品销量为主要目的的、非常成功的内容营销案例中，人们很容易在营销内容的刺激下产生冲动消费，并推荐自己的亲朋好友购买。

◆产生共振，这是内容营销的终极需要

在通过营销内容让用户产生情绪波动的基础上，企业还要在用户、品牌及内容营销之间搭建无缝对接的通道，而这一通道的建立需要情绪共振提供强有力的支撑。共振是一个物理学用语，和其他频率相比，当一个物理系统在共振频率状态时，会以更大的振幅振动。在共振频率影响下，即便很小的周期振动，也会导致物理系统产生很大的振动。

目前，受到很多音乐发烧友青睐的蓝牙共振音箱，就是利用音箱内部的振动，和机箱所处的周边环境振动处于共振频率中，从而输出更加优质的音乐。

具体到内容营销中，企业利用营销内容和用户心理产生情绪共振，从而引发大范围的传播推广，是内容营销的终极目标。当然，这需要通过长

期开展各种内容营销活动逐渐找到共振频率。

例如，杜蕾斯能够让广大用户产生强烈的认同感与归属感，是其在多年的内容营销实践中，持续为用户提供富有趣味性的故事的结果。和用户产生共振后，很多用户会在出现热点事件时，在微博、微信等社交媒体上为杜蕾斯的内容营销提供创意与灵感。

谷歌在和用户共振方面同样取得了巨大的成功，作为全球顶级互联网品牌，它拥有数十亿忠实用户，并在长期的内容营销实践中，找到了和用户的共振频率。当谷歌推出一款黑科技产品时，很多用户会利用Facebook、Twitter等社会化网络平台传播其文字、图片、音频及视频内容，促使更多网民参与到话题讨论中，从而在互联网领域掀起巨大浪潮。

【案例】网易云音乐："乐评专列"的走心营销

2017年3月，网易云音乐和杭州杭港地铁有限公司（以下简称杭港地铁）联合推出的"乐评专列：看见音乐的力量"活动，"理想就是离乡""世界如此广阔，人类却走进了悲伤的墙角""最怕一生碌碌无为，还说平凡难能可贵"等活动在朋友圈持续刷屏。

在此次活动中，网易云音乐对点赞量最高的5000条歌曲评论进行了严格筛选，最终筛选出了85条优秀评论；杭港地铁负责将这些评论以红底白字的形式印在1号线车厢和江陵路地铁站中。

此次地铁营销活动大获成功，并不仅是强强联合带来的先天优势，网易云音乐革新营销理念，以用户思维设计感动人心的营销活动，无疑是促成这一营销经典案例的核心因素。

在互联网时代，虽然很多企业提出了以用户为中心的口号，但并未将其落到实处。具体到企业营销活动中，大部分营销人员主要是从4P，即Product（产品）、Price（价格）、Place（渠道）、Promotion（促销）营销组合层面开展营销推广，用户和商家的关系仍是买卖关系，如图16-5所示。

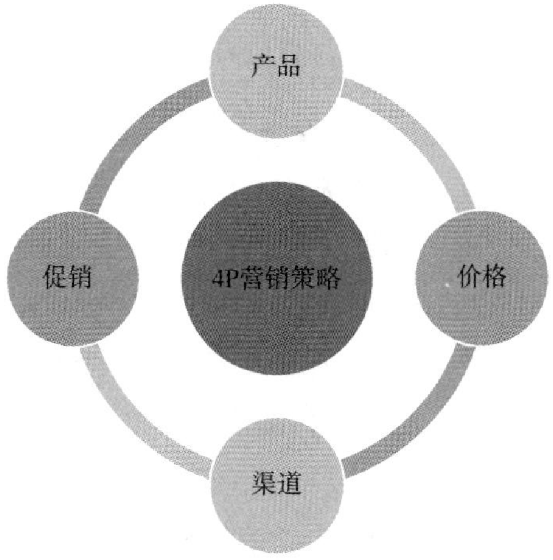

图 16–5 4P 营销策略

网易云音乐通过音乐评论、点赞等将自身和用户连接起来，引导用户生产UGC内容，并以地铁文案的形式呈现在用户面前，如图16–6所示。这种做法将用户从营销内容的被动接受者转变为内容的生产者、传播者。

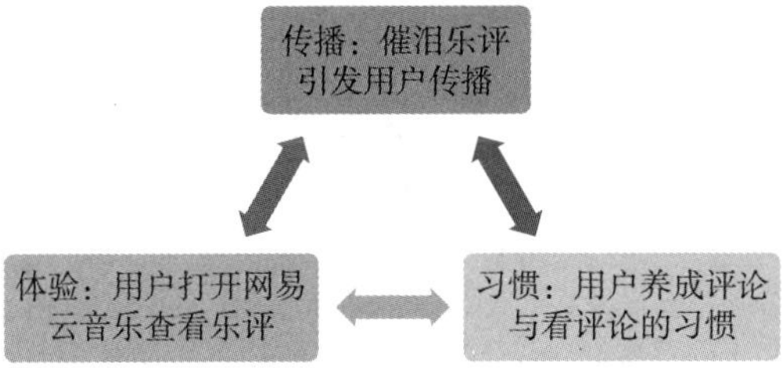

图 16–6 网易云音乐的营销策略

那些每天利用地铁通勤的上班族在地铁中很容易产生疲惫感、孤独感。尤其是那些刚进入职场的年轻群体，身心俱疲的他们在拥挤嘈杂的地铁中根本不想和周边的人交流，而是选择戴上耳机用音乐慰藉心灵。当那些充斥着真情实感的文案呈现在他们面前，会在极短的时间内引发情感共鸣，促使他们拿起手机拍照并在朋友圈分享。

传统营销模式是简单粗暴地对消费者“狂轰乱炸”，希望通过这种方式在消费者心中留下深刻印象。在传统媒体时代，由于人们只能通过有限的报纸、杂志、电视、广播等渠道获取信息，这种营销模式确实产生了一定效果，脑白金广告便是典型代表。

进入移动互联网时代后，新媒体大量涌现，媒体垄断被彻底打破，“王婆卖瓜式”的硬性推广变得不再适用，强调互动性与参与感的内容营销快速崛起。网易云音乐没有简单地将自己定位为一个音乐播放器，而是定位为一个有温度、有情感的社交平台，从音乐视角帮助人们发现与分享生活之美。“乐评”是网易云音乐用户社交互动的核心板块，为用户与用户、用户与创作者、用户和平台之间的沟通交流提供了有效工具。

不难发现，在地铁上投放广告、对用户评论进行提炼等方式都不是创新之举，在网易云音乐推出“乐评专列”活动之前已有很多品牌进行了类似尝试。但很少有品牌能够像网易云音乐一样回归本质，基于用户思维，以打动人心的UGC内容吸引用户参与分享。

第17章
故事营销：打造一个有故事的品牌

沟通利器：故事营销VS传统营销

随着生活节奏越来越快，人们本能地抵触那些干扰自己生活与工作的广告信息，尤其是长期以来企业普遍采用的广泛撒网式的硬性推广、王婆卖瓜一般地自我吹嘘，已经很难对人们的消费决策产生影响，只会浪费大量的营销资源。而故事营销为企业提供了一种新的营销方式，是企业摆脱同质化竞争与价格战泥潭的关键。

◆故事营销：信息过剩时代的沟通利器

快餐文化泛滥与信息严重过载，使快乐、治愈、感人等各种富有吸引力的故事更具价值，故事对消费决策具有十分关键的作用，是企业和消费者互动交流的利器。很多品牌能够取得巨大的成功，与其采用的富有吸引力的营销故事存在直接关联。

以打火机巨头Zippo为例，一直以来，Zippo在全球打火机市场占据着垄断地位，经过85年的积累与沉淀，已经在世界范围内拥有了海量忠实粉丝。Zippo之所以能够取得如此惊人的成就，除了对细节的专注造就超一流品质的商品外，故事营销也发挥了关键作用。Zippo创造了很多至今仍广为流传的故事，以Zippo打火机和鱼的故事为例：

1960年，一位渔夫在奥尼达湖中打到了一条重达18磅的大鱼，在他清理鱼的内脏时又获得了意外之喜——在鱼的胃中躺着一个闪闪发光的Zippo打火机，令人惊奇的是，渔夫将打火机取出并擦拭之后一打即燃。

Zippo打火机挡子弹的故事同样给人留下了深刻印象：

在南越战场的一次战斗中，美国军人安东尼所在部队遭到了敌军的猛烈攻击，枪林弹雨下，身边的战友一个个倒下，突然，一颗子弹击中了安东尼的左胸口。虽然左胸口处传来了剧烈的疼痛，但死神并没有降临。原来子弹击中了左胸口袋里的Zippo打火机，机身在子弹的冲击下有一处明显的凹陷，但不妨碍使用。战后，安东尼拒绝了Zippo要为其修复机身的邀请，将这个代替自己受伤的打火机保留了下来。

不仅Zippo，麦当劳、万宝路、福特、可口可乐、星巴克等国际知名品牌也是故事营销的受益者。在同质化内容泛滥的当下，通俗易懂、好玩有趣的故事可以有效提高营销内容的关注度，促进企业和消费者之间的沟通交流。

◆故事营销VS传统营销

（1）故事营销能够突破时间的束缚。通过传统媒体传播的信息传播只能在短时间内有效，如报纸刊登的广告信息会随着报纸被丢弃而过期。相比之下，在网络平台发布的信息就不会受到时间的限制。利用网络渠道，企业能够长期开展故事营销，并将不同阶段的营销内容连成一体。随着故事内容不断增多，企业品牌的形象将更加鲜明地展现在消费者面前，助力品牌推广。

（2）传统模式下，企业只能通过报纸、杂志、电视等渠道发布广告信息，但用户可以自由选择，在这种情况下，很多用户会选择直接忽略广告内容。例如，在电视插播广告时换台，忽略报纸上的广告版面等。在移动互联网时代，广告信息随处可见，企业可以通过PC端、移动端等进行产品与品牌推广，开展故事营销，突破不同媒体、不同平台之间的界限，以更新颖的营销形式保证营销效果。

（3）在互联网时代，无论企业还是个人，都可以通过自媒体平台、网络渠道进行内容制作与发布。在这个过程中，企业通过满足消费者需求树立良好的形象，就可以对消费者的行为进行引导。从这个角度来说，在互联网时代，企业要抓住机遇，通过开展故事营销来崭露头角。

（4）目前，越来越多的故事类内容将通过社交平台进行传播。用户在满足自身社交需求的同时，也将通过分享、转发、评论等方式促进企业营销信息推广。与传统的硬广告相比，故事化的营销信息更容易被用户接受，更能够促进用户之间的社交互动，推动企业发展。在这样的大环境下，传统的网络媒体及企业的营销方式都将发生变革，将有越来越多的企业加入社会化营销队伍，通过讲故事的方式进行品牌推广。

故事传播：优质故事的六大特征

对于现代企业来说，故事营销是一种十分重要的营销手段，它能够在注意力被过度分散的当下，吸引更多关注，引发人们的情感共鸣，改善用户体验，达到良好的营销效果。但想要开展故事营销，必须有一个合适的营销故事，而实践告诉我们，创作一个好的营销故事绝非一件简单的事情。

由于营销故事需要结合企业的文化、价值观、品牌理念等，所以好的营销故事会对企业的品牌建设产生积极影响。不过在企业的营销实践中，很多企业因为选择的营销故事和自身的产品及品牌调性不符，不能满足目标用户的个性化需求，在社交媒体等渠道投放后，不仅没有产生预期效果，还破坏了产品及品牌在消费者心目中的形象，给企业的长期发展造成了较大的负面影响。

在用户主导的新消费时代，企业无论选择何种类型的营销故事（历史故事、创始人创业故事、品牌故事等）、采用何种表达形式、选择哪种投放渠道等，都应该以用户需求为中心。不难发现，那些被奉为经典的故事营销案例，都迎合了目标用户的消费需求，如海尔“砸冰箱”的故事改变了当时国内消费者认为国产冰箱品质不佳的固有认知，满足了人们购买耐用、高性价比的国产冰箱的需求。

虽然营销故事并没有统一的标准，不同企业及企业的不同发展阶段适合采用的营销故事存在一定的差异，但从实践来看，优秀的营销故事往往具备六大特征，如图17–1所示。

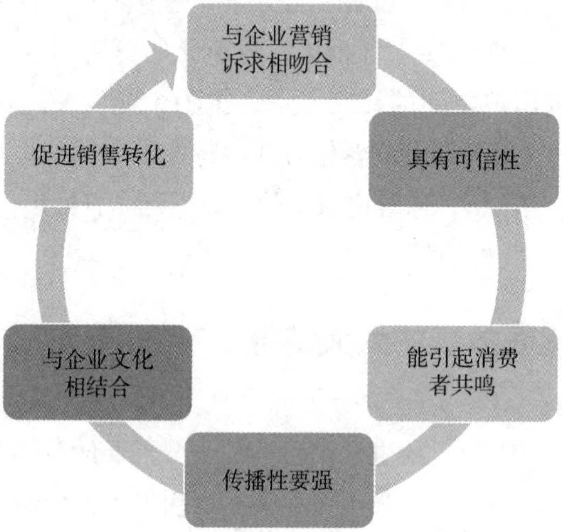

图17–1　优秀营销故事的六大特征

◆与企业营销诉求相吻合

企业的营销诉求也就是营销目的十分多元化，可能是为了提高产品销量，可能是为了提高产品曝光量，还可能是为了提高品牌知名度等。如果营销故事和企业的营销目的不一致，即便营销故事有很强的吸引力，也无法为企业创造预期价值。

所以，优秀的营销故事应该和企业营销诉求保持一致，帮助企业达到营销目的，忽略营销目的的营销故事只会给企业造成资源浪费，提高企业的运营成本。

◆具有可信性

为了做好产品及品牌推广，用故事对其进行美化包装是很自然的事情。营销故事可以来源于现实，也可以虚构，但一定要确保其可信度，那些一眼看上去就毫无可信度的故事根本无法得到用户认可，更不用说达到促进产品购买、提升品牌影响力等营销目的了。

通过运用表达技巧，寻找意见领袖或专业机构提供信任背书等，往往可以有效提高营销故事的可信度。但在信息实时传播、高度共享的移动互联网时代，企业应该尽可能地使用真实故事，避免因为故事被拆穿而影响企业口碑。

◆能引起消费者共鸣

信息过载时代，人们每天会接触到各种各样的营销推广信息，给学习及工作带来了诸多困扰，从而对广告产生了一定的抵触心理。正是基于这一原因，硬性推广江河日下，软文广告受到企业的高度重视。故事营销就是软文广告的一种，想要被人们接受，必须激发人们的情感共鸣。

◆传播性要强

话题性是评估营销故事传播性的核心指标，富有话题性的营销故事可以在社交媒体引发广泛讨论，促使人们进行评论分享，实现“一传十、十传百”的病毒式传播。需要注意的是，很多营销人员会将话题性和争议性混为一谈，虽然有争议的内容可以实现广泛传播，但对于企业来说，这种内容具有一定的风险性，稍有不慎就可能引发信任危机，给企业造成重大损失。

◆与企业文化相结合

企业文化是推动企业长期稳定发展的重要驱动力，将营销故事和企业文化相结合，有助于向目标用户传播企业文化，提高企业的文化软实力，赋予产品及品牌更高的溢价能力。更关键的是，企业文化借助营销故事实现大范围传播后，可以有效提升员工的荣誉感、自豪感，充分激发其活力与创造力，为企业及用户创造更多价值。

◆促进销售转化

通过营销促进销售转化是企业完成价值变现的核心所在。盈利是企业追求的终极目标，如果营销活动不能帮助企业完成销售转化，让企业盈利，营销就失去了存在的意义。所以，选择营销故事时必须充分考虑能否促进销售转化。

引爆话题：品牌故事的四个要素

随着互联网高速发展及普及应用，市场上出现了越来越多的媒体平台，为企业开展内容运营、进行故事营销提供了极大的方便。那么，采用故事营销的企业，怎样才能提高营销效果呢？

NewBalance推出《致匠心》开展故事营销，将品牌的态度、信念传达给消费者。

王石登珠峰的故事，让万科声名远播。

可口可乐广为传播的“秘密配方”提高了人们对该品牌的辨识度。

象征着爱情的钻石，承载着人们对美好爱情的向往，也是通过故事讲述才得以在世界各地流行，其价格也连年上涨。

由此可见，成功的故事讲述，能够有效提高人们的关注度。

讲故事是内容营销的有效方法，从根本上来说，内容营销就是指用人们乐于接受的方式讲述自己的故事，提高潜在目标用户对企业产品的关注度，增进客户与企业品牌之间的联系，缩短两者之间的距离。

那么，企业在开展故事营销的过程中，具体要向用户传递哪些内容呢？

优秀的企业在进行品牌打造与运营的过程中通常会讲述两种故事：一种是创业型故事，讲述企业的创立及发展历程；另一种是传播型故事，重在强调自己的产品能够给顾客带来怎样的变化。无论哪种故事类型，都要围绕特定的主题，突出表现人物的性格特征，描述完整的情节，并用细节打动用户。

相比于向用户灌输泛泛而谈的大道理，情节完整的故事更容易被接受。无论什么阶层的用户，都更倾向于选择故事类的内容，即便是商业杂志，也要通过讲故事来证明其逻辑的正确性。

米老鼠与唐老鸭是迪士尼的经典角色，其中，“米老鼠”是以老鼠为原型创造出来的新形象，虽然很多人不喜欢老鼠，但米老鼠代表着愉快、欢乐，能够得到观众的支持与喜爱，从这个角度来说，米老鼠是迪士尼打造的一个成功品牌。

讲故事是提高受众群体认可度的一种有效方式。绝大多数成功的品牌都采用过故事营销。这些品牌通过讲故事，恰到好处地将品牌的发展历程、价值理念、态度等展现给消费者，用故事打动消费者，提高消费者的忠诚度。从这个角度来说，擅长讲故事的企业更能够发挥自己的优势，促进品牌推广。

那么，企业如何才能通过讲故事达到自己的营销目的？或者说，优秀的故事应该具备哪些要素呢？如图17-2所示。

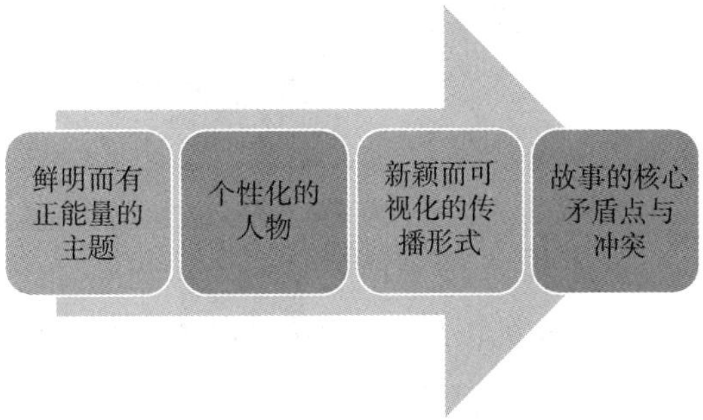

图 17-2　优秀故事具备的四大要素

◆鲜明而有正能量的主题

正能量的传递能够激励大众奋发向上，满足其精神层面的需求。另外，追逐梦想、向往爱情、美好生活等都是人们百看不厌的故事主题，可以应用到企业的故事营销中。

◆个性化的人物

以创业者群体为例来分析，现如今，90后与00后创业者是人们关注的焦点，他们的创业故事也是企业、媒体营销的故事素材。通过表现创业者的个性化特征，让人们看到一个个情节生动的故事，并将自己代入其中，对其经历感同身受。

◆新颖而可视化的传播形式

与传统的文字信息相比，年青一代的消费者更倾向于选择图像内容，因为图像的传播效果更好，也更符合现代人的阅读习惯。与单纯的文字相比，漫画承载的信息内容更直观，也更适合通过媒体渠道进行传播。

现阶段，企业的视频营销主要有三种方式，如图17–3所示。

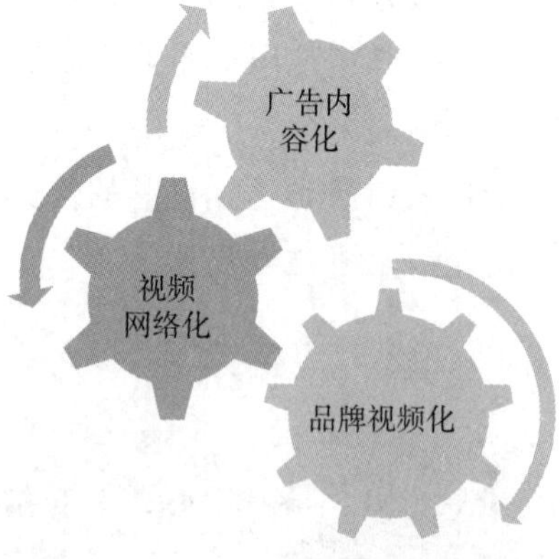

图 17–3　企业视频营销的三种方式

（1）品牌视频化。不少企业会通过视频方式进行品牌推广，如今，越来越多的广告客户也更青睐视频营销。

（2）视频网络化。通过网络渠道发布视频广告的推广方式也普遍应用于各个行业。

（3）广告内容化。很多观众在收看电视节目时，会在插播广告时转向其他频道，因为这种传统广告对用户的吸引力已经下降。同理，如果有人在微信朋友圈持续发布广告，其动态信息也会被屏蔽。相比之下，当广告以植入的方式出现在电视节目中，观众就不会产生强烈的心理排斥，通过这种方式传播的信息也更容易被大众接受。

◆故事的核心矛盾点与冲突

这类故事重点表现的是企业或品牌创建的由来。在这方面最具代表性的当属梅赛德斯汽车品牌，该品牌因为“父随女姓”的故事被世人熟知。

由此可见，所有企业都应该建立自己的品牌故事文化，通过讲故事的方式向用户传达自己的品牌内涵。

传播法则：故事营销的主要玩法

◆创业型故事

从品牌发展的角度来看，品牌创建的过程在很大程度上决定着品牌今后的发展动向，创业者本身的经历及其个人特点，也会体现在企业的品牌文化中。奢侈品品牌十分擅长讲创业故事。

从本质上来讲，企业开展营销是为了促进产品销售，而奢侈品品牌的眼光更长远，是为了突出品牌价值，抢占消费者心智，以奢侈品的身份立足于市场。所以，奢饰品在进行市场开拓，或者发布新产品时，通常会用讲故事的方式赢得消费者的青睐。

【品牌故事1】Coco Chanel的Chanel Style

香奈儿将品牌创业故事制作成系列视频，通过官网进行推广。品牌创业故事重点讲述品牌发展过程中的关键节点，以及创始人的个人风格。如今，香奈儿已经成为时尚界的先锋品牌，Chanel Style也成为高雅品位的载体。该品牌的创始人可可·香奈儿（Coco Chanel）的传奇故事也被人们传唱至今，成为品牌文化的一部分。可可·香奈儿的故事成就了香奈儿品牌，品牌的发展也进一步促进了故事的传播。很多消费者就是被Coco Chanel的传奇经历打动才喜欢上这个品牌，并希望借助产品表达自己对香奈儿理念的推崇。

◆历史型故事

时间因素也能够提高品牌的价值。经过长时间的洗练，只有足够优秀的品牌才能立足于市场，并持续得到消费者的认可。以热水器为例，这种产品很难通过有效的方式传达品牌特性，尽管国内有些热水器品牌的推广比较成功，如万家乐，但消费者对品牌背后的故事及品牌价值的认识比较有限。

相比之下，美国热水器史密斯则十分擅长使用故事营销法，其广告语“以我爷爷的爷爷命名”“能用半个世纪的热水器”等用简洁的语言传达出该品牌拥有悠久的历史，体现出产品的良好品质，让消费者产生一种历久弥新的感觉。

【品牌故事2】百达翡丽手表的“Begin your own tradition”

瑞士知名手表品牌百达翡丽以“Begin your own tradition”（开创属于自己的传统）为主题，在营销过程中重点突出情感元素，通过价值传递引起人们的情感共鸣，让消费者沉浸在品牌的内在价值中，吸引了众多消费者的青睐。在营销过程中，百达翡丽通过制作视频广告，将自己的腕表产品打造成传承家族精神、拉近父子情感的载体，这种情感能够跨越地域、时间因素的限制，引起人们的强烈共鸣。其广告语“没有人能真正拥有百达翡丽，只不过为下一代保管而已”，巧妙而又简洁地表现出了产品的高贵品质，如图17–4所示。

图 17–4　百达翡丽的历史型故事

◆传播型故事

与香奈儿、百达翡丽相比，有些品牌的发展历史比较短，品牌影响力有限，无法通过历史型故事进行品牌传播。对于这类品牌，可以在把握自身品牌与产品特性的基础上，用传播型故事开展营销。

品牌创建之后通常需要进行广告宣传，企业往往要为此投入巨额资金。故事营销则能够让企业在开拓市场的同时节约成本。以褚橙为例，通过讲述创始人褚时健的传奇故事，褚橙化身为“励志橙”，广受消费者青睐。

褚橙推向市场后，包括王石、潘石屹、梁冬在内的公众人物都加入到产品推广的队伍中来，表达对褚时健的钦佩之情。有了这些人做背书，褚橙迅速在全国走红。褚橙不仅在产品质量方面拥有可靠的保证，还依靠其精神价值受到广大消费者的追捧。很多人为了表示自己对褚橙的支持，或者为了表达对褚橙价值观的认可做出购买行为，体现了故事营销的成功。

【品牌故事3】维吉达尼以农户故事取胜

淘宝平台上的很多商家就是通过讲述故事赢得市场的。以农产品品牌“维吉达尼”为例，该品牌坚持品牌、利润与农户共享，通过讲述农户的真实故事，向消费者保证产品质量。“维吉达尼”在维语中是“良心”的意思，该品牌在推广产品的同时，通过讲述农户故事来打动消费者。品牌面市之后，在微博开展营销，周鸿祎、姚晨等都主动捧场，有力地促进了品牌传播，提高了品牌影响力，体现出品牌包含的情感价值与其独有的特色。

◆风格型故事

很多企业通过故事营销来体现品牌的独特风格，方便用户识别。营销成功后，用户看到相关元素，就会立即联想到该品牌。以饮料、酒水行业为例，这类产品之间的差异比较模糊，对于这类企业而言，突出自身的风格尤为重要。

举例来说，作为可口可乐的主要竞争对手，百事可乐为了寻求突破，聚焦品牌性格特征的打造，以“新一代的选择”为主题开展系列广告营销，将百事与年轻人的特征结合起来，后期则重点突出音乐与体育元素，邀请当红音乐偶像、体育明星代言，围绕“新一代”的主题开展营销，有效扩大了品牌的市场份额。又如，中国白酒的种类不同，口感、香气也不同，具体包括清香型、浓香型、酱香型、米香型、药香型、豉香型、芝麻香型等，不同的品牌会主推不同的香型，便于消费者识记，并将其作为品牌特色进行重点宣传。

【品牌故事4】星巴克用产地指导消费者进行口味选择

咖啡使用的原料不同，其口味也不同。例如，有的咖啡带有明显的酸味、有的咖啡含有坚果味道、有的咖啡带有草本芳香等。但在具体选择过程中，很多消费者都不清楚自己的口味偏好。针对这个问题，星巴克将原料产品标注在产品包装上，帮助消费者发现咖啡之间的差异，引导他们找到自己喜欢的口味。

◆细节型故事

从细节方面入手，也能够体现企业的品牌优势。虽然细节化表现缺乏集中性，但最终效果可能超出经营者的预期。通过细节方面的信息展示，消费者能够更直观地了解企业品牌。

【品牌故事5】谷歌的细节调整

2014年，谷歌对企业标志进行了微调，对比之前的Google标志，此次变动十分细微，只是将“g”和“l”两个字母的位置进行了调整，其中，字母“g”向右侧移动了一个像素，字母“l”向右下方移动了一个像素。为了进行宣传，谷歌将这次标志更改命名为“99.9%的人都没有发现的改动”，吸引人们去寻找标志前后的变化。这个故事有效促进了品牌推广，体现出谷歌在发展过程中始终坚持认真、精细的原则，对自己也对消费者负责的精神。

在传统模式下，企业要实施故事营销，就要进行广告投放，提供足够的资金支持，还要考虑其他方面的因素。现如今，媒体平台越来越多，除了微信、微博等应用外，企业还可以建立自媒体，通过多样化渠道开展故事营销。

第18章
IP营销：碎片化时代的品牌新玩法

IP营销崛起背后的五大驱动因素

自2015年以来，IP营销迅速崛起，势头经久不衰，一直是影视界、媒体界、商界关注的热门营销方式。在此情况下，各种热门IP层出不穷，甚至出现了跨界合作这种商业模式。对于企业来说，IP的作用非常大，不仅可以填充品牌内容，还可以延伸品牌内涵。在近几年成功的营销事件中，IP营销发挥了极其重要的作用，很多品牌通过与热门IP合作提高了产品销量。

IP（Intellectual Property）指的是知识财产，包括音乐、文学和其他艺术作品，以及倾注了作者心智的短语、符号、设计、词语等被法律赋予独享权利的“知识财产”。或者说，IP就是能够实现自主传播的，不受任何平台束缚的，能够在多个平台获得流量、分发内容的“潜在财产”。

IP有很多特质，拥有优质的内容是其中一大特质。除此之外，只要具备内容衍生能力，拥有一定知名度，具有一定话题性的品牌、产品和个人都可以视为一个IP。目前，内容端是IP最大的“产地”，包括游戏、网络综艺、影视、小说、音乐等。

其实，IP营销的商业逻辑非常简单，就是品牌捆绑IP实现人格化，通过持续产出优质内容实现价值观输出，通过价值观聚集粉丝，获得粉丝认可，让粉丝对品牌及其产品产生信任。另外，因为IP营销具有一定的话题性与传播性，粉丝基础非常庞大，市场空间比较广阔，是一种可以实现裂变传播的新型营销方式。对于快消品企业来说，这种营销方式非常值得引入、使用。

一般来讲，IP营销的表现形式多种多样。

例如乔布斯的极致精神，让苹果手机受到了万千用户的热烈追捧。

江小白通过一系列文案将品牌形象人格化，从一种酒的名称变为“文艺青年江小白”，受到了很多80后、90后的喜爱。

这些都是非常典型的IP营销。现阶段，IP在市场营销中的地位相当于品牌、头部内容、个人或产业链的延伸。通过品牌人格化推动品牌商业向个人商业转变，通过塑造品牌的人格魅力与消费者建立信任关系，向消费者展示更多除功能以外的内容，为消费者提供更多除功能之外的购买理由，实现品牌溢价。

每一种新的营销技术、营销思潮的兴起都伴随着外部市场环境的变化。从宏观市场层面来看，目前，品牌营销面临的五大挑战如图18-1所示。

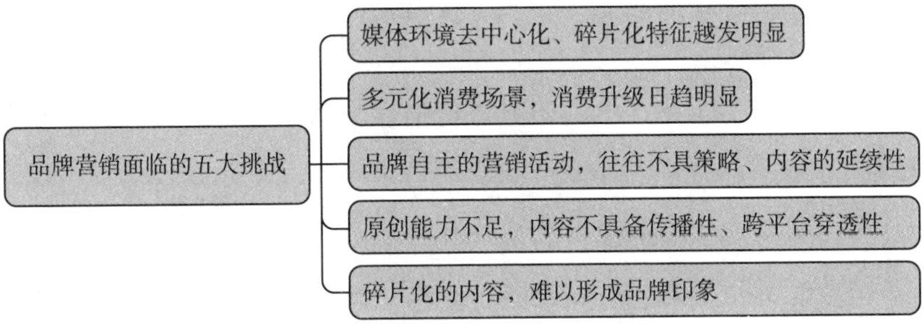

图18-1　品牌营销面临的五大挑战

（1）媒体环境去中心化、碎片化特征越发明显。过去，品牌主投放广告会选择各大电视台的“黄金时段”。现阶段，随着微博、微信、今日头条等内容分发平台越来越多，电视台机制下的“黄金时段”对品牌主的吸引力越来越弱，内容分发平台之间的竞争越发激烈，用户的时间被各大平台瓜分殆尽。这也意味着，品牌可以选择输出内容的平台越来越多。对于企业来说，这既是机会也是挑战，机会在于品牌可以在这些平台上找到新的发展点，挑战在于品牌为了找到合适的平台需要付出很多精力不断试错，导致试错成本不断增加。

（2）多元化消费场景，消费升级日趋明显。虽然线上线下有很多头部渠道占据着主要消费入口，如线上的淘宝、天猫、京东，线下的万达等，这些企业利用先发优势吸引了大批流量，但随着消费者的个性不断觉醒，消费持续升级，线上也好、线下也罢，都会出现一些这些行业巨头无法顾及的细分市场、小众市场，蘑菇街、小红书等垂直电商就是在这种情况下诞生的，都属于新的消费场景。

（3）品牌自主的营销活动，往往不具备策略、内容的延续性。品牌每次的营销活动都比较独立，前后无衔接，消耗了大量营销资源，却一直在重复从0到1的过程，始终未能实现质变。缺乏内容培育意识、受成本限制是国内品牌在成长过程中面临的普遍问题。在发展过程中，品牌开展营销活动的目标大多是“以最小的投入获得最大的产出”，在这种投机心理的作用下，运营者非常多变，营销策略与方法一改再改，导致内容无法沉淀。而且，为了吸引更多消费者的注意力，品牌养成了追热点的习惯，这里的“追”指的是没有规划地盲从，导致前后营销过程脱节，营销策略与内容无法有效延伸。

（4）原创能力不足，内容不具备传播性、跨平台穿透性。随着新媒体强势崛起，很多品牌都开始学习新媒体营销思路与方法，并且专门设立了新媒体运营部门。但大部分新媒体运营人员只是引用、转发其他账号的内容，本身不具备内容创作能力，导致内容同质化严重，无法得到很好的传播，更无法实现跨平台传播。

（5）碎片化的内容，难以形成品牌印象。内容碎片化的原因在于品牌的内容生产盲目地追随热点，运营人员原创能力不足。

在IP营销的过程中，尤其是优质IP，因为具备多元化的开发能力，在面对上述五大挑战时，其多元化、原创性就能通过持续的内容产出冲破平台壁垒，在多元化的消费场景中与用户建立连接。

建立超级品牌IP的三大核心要素

在开展品牌营销之前，营销人员必须思考以下问题：如何提高产品质量、丰富产品功能，如何让产品更好地满足消费者痛点与需求，这两个问题的解决需要立足于产品的利益属性诉求，该属性诉求必须与品牌的情感指向相吻合，否则就无法树立清晰的品牌形象。但IP打造需要人格化，所以品牌与IP的底层逻辑完全不同。

现阶段，品牌面临着很多挑战：媒体环境日益碎片化、消费场景越发多元化、单次营销效果不佳、非原创内容无法实现更好的传播等。在这种情况下，在更好的投资回报率（Return-on-Investment，ROI）的驱使下，品牌选择开展IP营销。

例如，在脉冲式互联网传播环境中，品牌投入1000万元开展营销活动，可能石沉大海、波澜不惊。但如果品牌投入1000万元打造一个自有的品牌IP，可能会瞬间吸引消费者注意，这就是市场营销运营效率ROI的差异。

品牌IP化运营必须创新传播方法，如果品牌持续在自有IP打造方面投入人力、物力，就一定能获得较高的投资回报率。具体来讲，品牌IP营销最重要的就是做到三点：第一，内容原创；第二，持续运营；第三，人格化的内容表达。建立超级品牌IP的三大核心要素如图18-2所示。

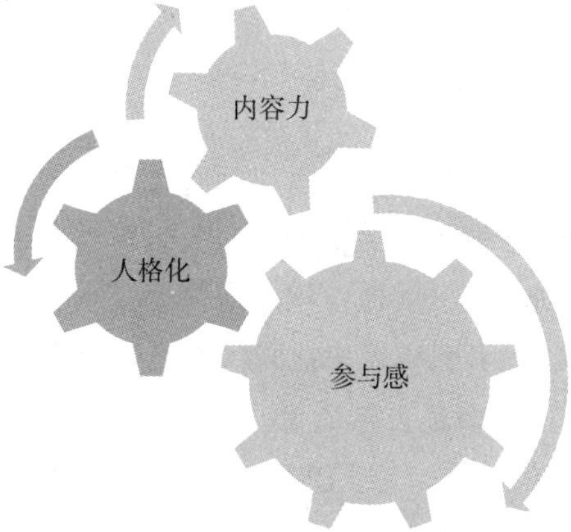

图18-2　建立超级品牌IP的三大核心要素

◆内容力：可持续地提供差异化内容的能力

品牌IP的构建离不开内容的支持。“渠道为王”的时代逐渐过去，“IP为王”的时代慢慢到来，内容营销变得越发重要。为此，营销人员必须在内容方面不断创新。内容创新不仅要体现在产品上，还要体现在用户体验上。现阶段，90后、00后成为主流消费群体，他们消费需求多变，且对品牌的忠诚度不高。品牌要想吸引这部分消费群体注意，就必须生产更多原创内容。

在内容生产方面，品牌创新地生产差异化的内容重要，持续产出内容同样重要。IP必须像一个生命体一样不断地生产内容，频繁地出现在人们眼前，展现个性化魅力，只有这样才能长久地生存下去。

◆人格化：具有独特而鲜明的人设与性格

“完美”表示没有吸引力，“大”“全”表示“空”“虚”。一个人格化的IP必须具备亚文化的特点，可以吸引某个领域的重度人群。另外，IP必须具备鲜明的人设和性格，包括鲜明的价值观、人生观、世界观，如江小白文艺青年的人设。

一个有生命的IP必然来自某种亚文化，而且IP的亚文化表达古已有之，如《灰姑娘》讲述的平凡少女完成蜕变进入上流社会的故事、《阿凡提》讲述的穷人打败富人的故事等。

◆参与感：让受众互动

品牌在创造IP时必须创建一个可以与粉丝互动的平台。如果品牌只是单向地传播信息，很难吸引粉丝参与。而吸引粉丝参与会为品牌带来很多好处，如让粉丝共创内容，增强粉丝的参与感、立场感，提高粉丝的忠诚度、黏性等。品牌IP只有获得用户认同，才能产生持久的生命力。

超级IP的一大特征就是自带流量，不受任何媒体、平台、行业限制，具有很强的延展性。为此，超级IP应该定位于多屏发展，让内容价值实现最大化，进行全方位引流。当然，跨平台发展不代表内容打破了所有限制，而是要立足于原有用户对内容进行多渠道分发。IP营销必须注意的是，内容定位必须精准，必须全面了解消费者需求与偏好。

在国内市场上，近几年，消费群体的消费理念有了明显进步，对产品的追求从单纯的功能性、实用性发展为美观性、人格化。随着生活水平不断提升，精神生活不断丰富，消费者越来越看重品牌的人格化、个性化。在这种情况下，品牌缺少的不是受众群体，而是能够与品牌结合的、获得消费者认同的、引发消费者共鸣的内容。

吴晓波曾说过："前工业时代产品与生产者紧密相连，如今的商业世界似乎出现了这种'品牌返祖'现象——当人格开始产生价值，产品自身的成本与其售价便开始脱钩。"现阶段，随着人均可支配收入不断提高，消费者越来越愿意为符合自己价值取向的品牌溢价付费，产品自身成本与售价脱钩这一现象越发明显。在这种情况下，"以人为本"的品牌营销就有了实现的可能。未来，品牌营销要立足于用户，生产出契合用户精神认同的内容，做好品牌传播与IP营销。

企业品牌借势IP营销的实战策略

目前，在移动互联网环境下，与热门IP相结合开展精准化的事件营销已成为很多品牌最常用的营销手段。如果品牌依然依赖于"央视+广告"这种模式开展硬性推广，将越来越难以完成消费群体的转化。为此，品牌必须寻找合适的载体与消费者对接，只有这样才能吸引更多粉丝，提高品牌传播效果。

近年来，营销领域出现了"IP"热，越来越多的商家倾向于利用超级IP资源开展事件营销，尤其是一些时尚快消品牌，如麦当劳、加多宝等，这些品牌创造了很多经典的跨界营销案例。但目前，大部分品牌开展IP营销采用的都是"借势"策略，没能跳出超级IP的阴影。

随着互联网流量的价格越来越高，品牌之间对用户注意力的竞争逐渐白热化，品牌的获客成本越来越高，IP圈覆盖的消费区域及年轻消费群体越来越广，通过扫码与粉丝用户建立连接，通过优惠活动对粉丝产生持久的吸引力，从而积聚一大批忠诚度高的用户，产生了巨大的商业价值，而且这种商业价值得到了越来越多合作伙伴的认可。

跨领域整合体现的不只是品牌整合优势资源的能力，还体现了对事件营销的创新。对于品牌主来说，不同的IP资源可能隐藏着同一类消费群体，如综艺节目与体育赛事，可能都隐藏着年轻消费群体。如果品牌能巧妙地将这两种IP资源结合起来应用，就能在很大程度上提高品牌的曝光度，积累一个规模庞大的粉丝群体。因为超级IP总能吸引无数粉丝追随，所以品牌只要与超级IP进行深度捆绑，就能很好地掌控年轻的消费群体。

既然IP营销能为企业带来如此多好处，那么企业要如何借势开展IP营销呢？

简单来讲，企业借势开展IP营销的策略就是“线上聚客、线下体验、终端收拢”，也就是在线上围绕IP发起话题，引起粉丝注意，开展口碑营销，吸引消费者参与互动，同时在线下开展相关活动，吸引粉丝体验、参与。这样一来，品牌就能从各个渠道向消费者灌输品牌价值，刺激消费者产生购买冲动。具体操作如图18–3所示。

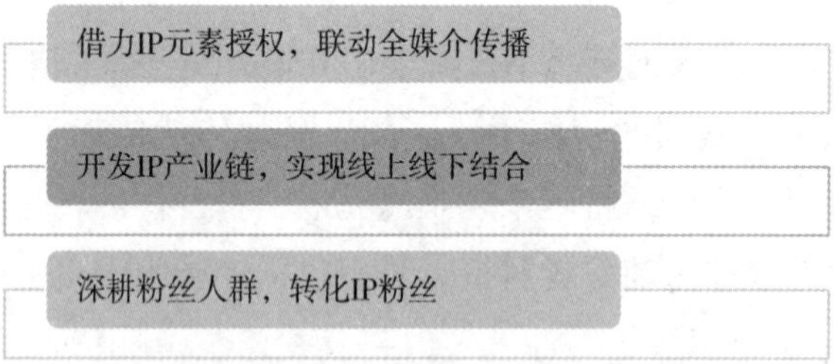

图18–3　品牌借助IP营销的三大策略

◆借力IP元素授权，联动全媒介传播

品牌与电影结合开展营销已司空见惯，最常用的方式就是植入，或场景植入，或对白植入，或情节植入。对于消费者来说，无论采用哪种植入方式都是强行曝光品牌，让消费者被迫接受信息，无法做到深入人心。

在IP时代，如果品牌继续采用广告植入的方式开展营销活动会造成极大的资源浪费。要知道，在整个营销链条上，电影广告植入只是其中的一环。如果不能打通后续传播，等电影的热度逐渐消失，品牌就会被人们彻底忘记。在这种情况下，品牌不仅无法获得最大化的广告效益，还无法让观众形成深度认知。为改变这一局面，品牌必须充分利用IP授权，与电影进行深度结合。

为此，营销人员要根据品牌定位、理念、营销诉求等寻找合适的电影元素，将其融入品牌，让电影与品牌相互映衬、相互借势传播，将电影的热度与话题引向品牌，通过这种方式提高品牌的曝光度，让品牌获得更多关注。

◆开发IP产业链，实现线上线下结合

众所周知，传统营销方式往往是企业自娱自乐，消费者被迫接受、参与。但目前，企业要与消费者深入互动，对线上、线下资源进行综合利用，构建营销生态链，在最短的时间内让目标消费者了解品牌与产品，对产品进行切身体验。

虽然品牌利用IP授权开展营销活动能够获得消费者认同，激发消费者共鸣，但无法与消费者进行深入互动。为此，品牌要利用IP资源孵化新内容，借粉丝扩散效应实现品牌的自传播。

热门IP新旧更迭速度极快，品牌要想借此实现长久曝光，必须孵化出独属于自己的内容，吸引消费者参与内容创作，通过消费者的自发传播扩大传播范围，只有通过这种方式产生的媒体价值才会超过其他媒体。

◆深耕粉丝人群，转化IP粉丝

在开展IP营销的过程中，品牌商必须认识到，并不是只要与超级IP建立连接，就能立即吸引粉丝关注。虽然超级IP有庞大的粉丝群体，但品牌想要将这些粉丝收归己有，还要做好粉丝转化。

安东尼奥·达马西奥（Antonio Damasio）在《笛卡尔的错误》中阐述了这样一个观点：人类几乎所有行动决策的临门一脚都是情感驱动的。某

个特定场景中的情感代入式营销可以带给消费者极深刻的互动体验，引发消费者的情感驱动。因此，对于品牌来说，触发情感驱动是转化粉丝的关键。

为了做好粉丝转化，品牌要在线下开展活动，吸引消费者积极参与，将产品与IP理念相融，将原本属于IP的内容转化为品牌自己的东西，将IP潜在的价值充分挖掘出来。

对于品牌来说，营销是扩大影响力的重要手段。随着内容营销愈演愈烈，超级IP越发珍贵。对于品牌主来说，如何充分挖掘IP红利是亟须解决的问题，否则不仅会造成IP资源的极大浪费，还会得不偿失。

【案例】《小猪佩奇》：爆款IP背后的商业逻辑

2015年，一部来自英国的动画片《小猪佩奇》在国内市场迅速蹿红，佩奇成为无人不知、无人不晓的一个卡通角色。这部动画片不仅为相关企业带来了可观的经济收益，还获得了良好的用户口碑。作为一个“名利双收”的动画作品，《小猪佩奇》具有一些明显的特征：用户体验佳、变现模式成熟、用户规模大、持续生命力强、口碑传播广等。

《小猪佩奇》的成功表现在很多方面，涉及动漫产业链的多个环节。如果仅从视听层面、传播层面、内容层面讨论《小猪佩奇》成功的原因未免过于表面，下面从最深层的心智层面出发阐述打造儿童IP的两个最重要的商业逻辑，如图18-4所示。

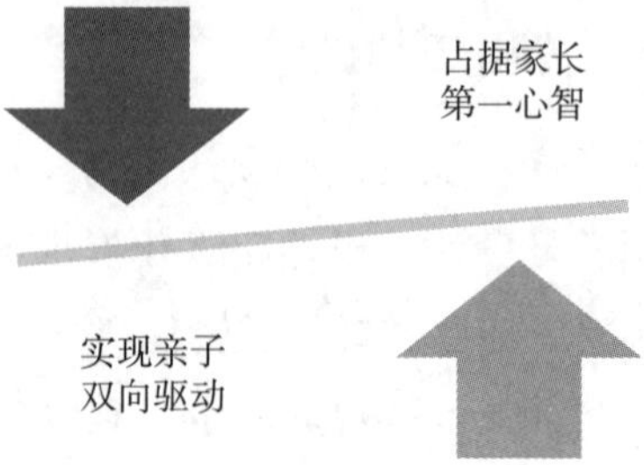

图18-4　打造儿童IP的两大商业逻辑

◆占据家长第一心智

在家长层面,《小猪佩奇》面向的是80后、90后家长，这个群体对于家庭经营、孩子教育、夫妻关系处理等存在很多疑惑，希望找到一种自己认同的家庭生活方式。

80后、90后几乎是在互联网环境下成长起来的一代，他们在成长的过程中接触到了各种各样的观念，包括“家庭观”“婚姻观”“育儿观”等，这些观念可以统称为“家庭生活方式”。因为时代的进步、观念的更新，这个群体向往的“家庭生活方式”与上一代存在很大差异，但他们现有的知识与经历无法支撑他们形成自己向往的“家庭生活方式”。面对这种情况，他们希望找到一个自己认可的“家庭生活方式”作为范本，但现有的“家庭生活方式”都无法得到他们的认同。

正是在这种情况下,《小猪佩奇》进入国内市场。《小猪佩奇》并不完美，但它恰到好处地呈现了一种备受80后、90后父母认可的“家庭生活方式”，于是一蹿而红，在年轻父母心目中占据了重要地位。

（1）人物。对于80后、90后来说,《大头儿子和小头爸爸》可以说是伴随着他们成长的一部动画片。但在他们为人父、为人母之后，“小头爸爸应该已经成长为一位大叔，大头儿子年纪应该和我差不多”，这部富有教育意义的动画片已经无法引起共鸣。佩奇一家虽然都是动物，但它们的脑袋长得像吹风筒，角色特征抽象化，代入感更强，更容易获得宝宝的喜爱。

（2）剧情。《小猪佩奇》的故事发生在虚拟的动物世界，即便与真实生活有所出入，也是编剧富有想象力的体现。另外，佩奇讲故事的能力非常值得家长学习。

《小猪佩奇》凭借独特的人物、充满想象力的剧情成功地占据了家长的第一心智，那么这一成就为其带来了何种商业价值呢?

- 溢价能力：占据家长第一心智意味着《小猪佩奇》成为动画领域的头部IP，享有充分的市场话语权。

- 聚合资源：成为头部IP之后，会有越来越多的资源主动向其靠拢、寻求合作。
- 提高竞争门槛：一旦占据用户第一心智，其地位就很难被其他作品动摇，即便有后来者居上，“后来者”也要付出极高的代价。
- 降低渗透成本：占据用户第一心智之后会吸引很多媒体争相报道，形成口碑传播，节省一大笔渗透费用。

◆实现亲子双向驱动

“亲子双向驱动”指的是孩子端与家长端共同产生驱动作用，具备这种双向驱动力的IP称为“亲子双向驱动型IP”。

《小猪佩奇》不仅满足了家长对“家庭生活方式”的向往，也备受孩子喜爱，两端都产生了观看动画片、购买周边产品的冲动，实现了亲子双向驱动，是一个名副其实的“亲子双向驱动型IP”。

从需求层面来看，《小猪佩奇》可以产生双向驱动力的重要原因在于它既满足了孩子端的需求，也满足了家长端的需求。

- 家长需求：家长比较注重实用性，偏理性，看重动画片的教育意义、益智作用等。
- 孩子需求：孩子比较注重趣味性，偏感性，看重动画片的趣味性、代入感等。

目前，国产的儿童IP大多属于“单向驱动型”，有的是“孩子驱动型”，只受孩子喜爱；有的是“家庭驱动型”，只受家长喜爱。大部分儿童IP都会向儿童乐园、服装、玩具等品类延伸，但因为儿童几乎没有购买能力，所以这些品类的购买决策不只需要儿童端的驱动，还需要家长端的驱动。

Part 7
营销渠道

导读

品牌开展营销活动的一大关键就是构建一个系统、完整的营销渠道，因此，企业必须做好渠道建设与管理，包括明确渠道建设目标、理顺渠道建设流程、做好渠道风险防控、协调渠道冲突、及时进行渠道变革与调整等。第19章从策略、方法角度对上述问题进行逐一分析，帮助读者对渠道管理形成全方位认知。

渠道推广是产品运营的重要环节，不同类型的产品、不同的产品组合、不同的营销阶段，渠道推广要采取不同的策略。第20章对新产品渠道推广、多产品渠道推广、淡季的渠道推广、旺季的渠道推广策略进行分析论述，帮助读者掌握最全面、最实用的渠道推广策略。

第19章
渠道管理：企业营销渠道构建策略

营销渠道：实现营销目的的关键

目前，关于营销渠道还没有形成一个统一的定义。“现代营销学之父”菲利普·科特勒（Philip Kotler）认为“营销渠道是指某种货物或劳务从生产者向消费者移动时，取得这种货物或劳务所有权或帮助转移其所有权的所有企业或个人”。美国市场营销协会（American Marketing Association，AMA）认为“营销渠道是企业内部和外部的渠道成员和经销商（批发和零售）的组织机构，正是在这些组织的作用下，产品或劳务才得以在市场销售”。除此之外，还有很多专家和学者对营销渠道做出了解释说明。对这些内容进行总结可以得出一个结论，即“营销渠道就是商品和服务从生产者向消费者转移的通道或路径”。

营销渠道承担着产品流通的重任，即将产品从生产者手中转移到消费者手中。因此，营销渠道选择得是否正确，直接关系着企业的营销目标能否实现。企业只有在合适的时间、地点，按照合适的价格将产品交付给合适的消费者，才能完成产品所有权的转移，达到市场营销的目的。

但在实际的营销过程中，渠道冲突经常发生。企业面对分销商之间的价格冲突与窜货现象，必须采取有效措施进行管理，即渠道管理。渠道管理指的是企业为了实现营销目标，采取有效措施对现有渠道进行管理，其目的在于维护好与各个渠道成员之间的关系，使渠道成员之间可以相互协作。在渠道管理过程中有一项工作非常重要，就是确定冲突来源，发现潜在隐患。对于企业来说，做好渠道管理不仅可以维护好营销网络，还可以提升自身的竞争力，获得源源不断的利润回报。

◆营销渠道的作用

营销渠道的主要作用就是将商品从生产者手中转移到消费者手中，让生产者与消费者就商品数量、品种、交易时间、地点等问题达成一致。做好营销渠道管理有很多好处：首先，对于生产者来说，做好营销渠道管理可以帮助产品进入更广阔的市场，节省资金占用，缩短资金回笼周期，提高营销效率，获得更多收益，实现资本积累。其次，对于中间商来说，营销渠道管理可以将原始资源转化为商品组合，满足消费者的需求，获取一定的利润；对于消费者来说，营销渠道管理可以为他们提供更多产品选择渠道，帮助消费者买到质优价廉的商品。

◆渠道管理的具体内容

渠道管理涵盖的内容非常丰富，具体可以概括为六点，如图19-1所示。

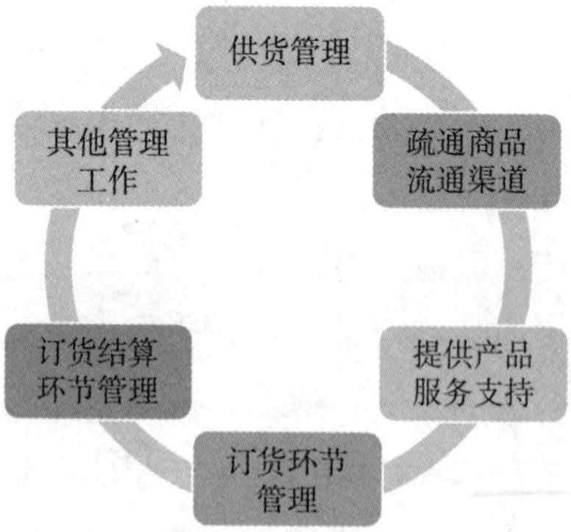

图19-1　渠道管理的六大内容

（1）供货管理。面向经销商进行供货管理，保证货物及时供应，防止缺货、断货等情况发生，同时帮助经销商搭建销售网络，分散销售，减轻库存压力，提高商品流通速度与效率。

（2）疏通商品流通渠道。对经销商的广告促销活动提供支持，疏通商品流通渠道，提高商品流通效率；提高经销商销售商品的能力，提高商品销售效率；提高资金利用率，让经销商获得源源不断的利润。

（3）提供产品服务支持。企业不仅要为经销商提供源源不断的货物供应，还要为其提供产品服务支持，对销售过程中出现的产品变质、产品损坏、顾客投诉、顾客退货等问题进行妥善处理，切实保证经销商的利益。

（4）订货环节管理。对订货环节加大管理力度，避免因为订货环节出现问题导致发货不及时等情况发生。

（5）订货结算环节管理。对订货结算环节加大管理力度，减少货物发出但经销商迟迟没有付款的情况发生，保证企业利益。

（6）其他管理工作。包括组织经销商参加培训，向经销商传播企业理念、价值观，增进经销商对企业产品的认知，对经销商与经销商、经销商与制造商之间的关系进行协调，对价格无故涨落、产品滞销、低价倾销等问题进行及时处理，维护好经销商的心态，引导经销商以科学、合理的方式开展产品营销，在保证经销商利益的同时维护好市场秩序。

渠道搭建：营销渠道的建设流程

营销渠道搭建是渠道管理的前提，具体来说就是要做好三件事，如图19–2所示。

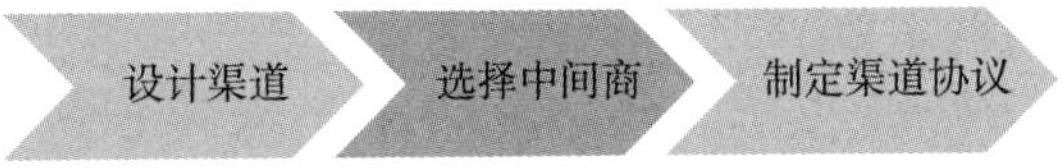

图 19–2 营销渠道建设的流程

◆设计渠道

在营销渠道建设过程中，营销渠道设计是一个非常重要的环节。具体来说，营销渠道设计就是立足于营销目标的实现，对企业原有的营销渠道架构进行优化调整。从总体来看，营销渠道设计可以概括为两大内容：一是营销渠道再造；二是营销渠道创新。

一条优质的营销渠道应该契合三大标准，即经济的标准、控制的标准和适用可能性的标准。一般来讲，消费品的营销渠道比较长，工业品的营销渠道比较短；本地市场的营销渠道比较长，外地市场的营销渠道比较短。假设商品品类、目标顾客和市场距离相同，在市场营销过程中，营销渠道越短就越有利。

就目前的市场情况来看，日用消费品多选择宽渠道；消费品中的选购品和特殊品、工业品中的零配件等多选择中宽渠道；耐用消费品、机械产品、特殊商品等多选择窄渠道。

◆选择中间商

做好渠道设计之后，下一步就是选择中间商。一条渠道质量的好坏，渠道运行效率的高低，在很大程度上取决于中间商的好坏。在选择中间商之前，企业必须先对中间商进行评价，评价标准有很多，具体包括经营历史、经营产品、经营规模、管理水平、偿付能力、信誉、合作精神、顾客服务水平、下游客户的数量以及发展潜力等，然后根据自身实力进行选择，尽量选择实力与自身相当的中间商。如果中间商的实力在企业之上，企业对渠道的控制权就很容易受到威胁；如果中间商的实力太弱，又无法承担起开拓市场的重任。

需要注意的是，企业在选择中间商的同时，中间商也在选择企业。中间商在选择产品时会考虑期望利润，期望利润大，选择的积极性就高，反之亦然。而影响期望利润的因素有很多，具体包括短期利润、预期利润和风险。企业想要与理想的中间商达成合作，不仅要为其提供各种优惠条件，而且要将各种风险降至最低。

◆制定渠道协议

一般来说，渠道协议指的就是经销合同。从理论上来讲，企业尽量不要和经销商签订长期的经销合同，合同期限最好在一年左右，以免综合实力比较强的经销商利用自己的优势地位从事投机活动，侵害企业的利益。

但如果合同期限过短，又会在一定程度上让中间商感受到压力，促使经销商全力以赴地经营产品，保证产品销量。

企业与经销商签订经销合同时不要轻易承诺总经销权，即便企业只有一家经销商，也可以授予其特约经销权。因为市场上的二级批发商数量众多，不是一家经销商可以完全覆盖的。如果企业授予某经销商总经销权，就代表其放弃了该经销商无法覆盖的市场。另外，企业向某一经销商承诺总经销权，不利于对市场进行有效管控。虽然企业不承诺总经销权有可能导致中间商产生不满，但只要坚持“谁开发，谁管理到位，谁所有”的原则，对中间商开发的渠道绝不插手，就能与经销商保持良好的合作关系。

冲突管理：营销渠道风险与控制

◆中间商管理

中间商是渠道风险的高发区，想要做好中间商管理，企业要采取三大策略，如图19-3所示。

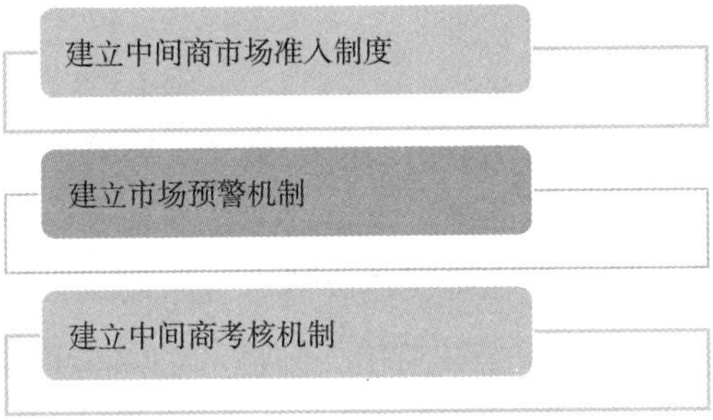

图19-3 中间商管理的三大策略

（1）建立中间商市场准入制度。建立中间商市场准入制度是营销渠道事前控制的一项重要内容。首先，企业要明确中间商进入市场的相关标准，包括资质评价、经营状况、市场覆盖范围、销售规模、渠道评价、诚信度等。其次，企业要建立档案库，将中间商的相关信息收集起来进行归档处理。最后，相关部门要综合各种信息对中间商进行评价，确定其能否进入市场。企业要与优秀的中间商建立合作关系，将其纳入自己的销售渠道。

（2）建立市场预警机制。市场预警机制属于事中控制。对于已经进入销售渠道的中间商，企业要对其销售过程进行监控，包括产品运输、商务处理、货款回收等。此外，企业每隔一段时间就要对中间商进行一次全方位调查，了解相关情况，及时发现问题，对企业的销售行为进行调整。如果发现某位中间商拖欠货款，企业要及时查明原因，采取有效措施进行处理，加快货款回笼速度，减少企业损失。如果某位中间商存在的问题比较严重，企业要重点监控，如有必要可以终止合作，降低市场风险。

（3）建立中间商考核机制。考核机制属于事后控制。对于已经建立合作关系的中间商，企业要定期进行考核，考核内容包括中间商的资金实力、现有经营规模、社会资信实力、公共关系实力、市场价格、销售品种、区域控制能力、服务消费者的能力、销售业绩等。企业要通过考核掌握中间商的经营变化，根据各项指标评定结果对中间商进行综合评价，为营销策略、价格策略的调整以及渠道的优化选择提供依据。

◆营销渠道冲突管理

在渠道经营过程中，渠道成员之间经常发生冲突，如低价竞争、抢夺客户等，这就是所谓的渠道冲突。渠道冲突有利有弊，利在于可以激发中间商推广营销的积极性；弊在于渠道成员对目标顾客的抢夺有可能引发无序竞争，导致渠道内部爆发恶性竞争，给产品的营销推广造成不良影响。为了趋利避害，企业必须做好渠道冲突管理。

企业设置分销渠道的方式有两种：一种是在同一个地区设置一个分销渠道；另一种是在同一个地区设置多个分销渠道。两种方式各有利弊，如表19–1所示。

表 19-1 在同一个地区设置一个分销渠道 VS 在同一个地区设置多个分销渠道

	优点	缺点
同一个地区设置一个分销渠道	不会发生渠道冲突，可以以统一的形象开展营销活动，坚持统一的营销策略，不会造成渠道资源的浪费	无法对中间商形成有效约束，由于没有其他中间商的竞争，中间商开展营销推广活动的积极性会不断下降
同一个地区设置多个分销渠道	渠道内部可以形成竞争关系，各个渠道成员为了获得更多资源，会积极地开展营销活动	各个渠道成员自行其是，无法采取统一的营销策略，而且渠道成员之间有可能出现恶性竞争，导致资源严重浪费

面对这种情况，采取“区域操作+专业指导”的模式或许是企业的最好选择。

区域操作就是在某个区域的目标市场中指定一个分销机构全权开拓市场。各分销机构应该按照分区负责的原则，在自己所属区域内进行垄断开发。在这个过程中，各分销机构要接受企业的统一领导，在企业的统筹安排下，分销机构A可以进入分销机构B负责的区域开展销售活动。通过这种方式，企业的各个营销渠道都可以保持一定的积极性。

专业指导指的是企业设置专业的指导人员，负责从宏观层面对各类产品的经营销售进行指导、监督、协调和服务，具体工作内容包括制定产品的区域配置方案，制定产品的价格策略，从宏观层面对产品销售形势进行分析，为产品销售提供技术支持，对各区域市场的销售业绩进行分析，对分销体制进行维护与调整，受理用户投诉等。

企业管理者必须认识到，渠道冲突与渠道活力问题无法彻底解决，企业能做的只是根据营销环境的变化严格地执行相关制度，及时调整管理策略。

渠道变革：营销渠道的发展趋势

随着消费持续升级，消费者需求越发个性化、多元化。为了满足消费者需求，企业营销渠道发生了很多变化。企业想要实现稳定、可持续发展，必须适应这种变化，变革渠道管理方式，创新发展，使渠道结构不断完善。

企业渠道营销的经典模式是“制造商—总经销商—二级批发商—三级批发商—零售商—消费者”，整个渠道呈金字塔形结构。因为价格体系不透明，市场规则不完善，所以这种渠道模式存在很多缺陷，表现之一就是存在很多“灰色空间”，出现了经销商“一夜暴富”，生产者却无法获得应有利润的现象。随着市场环境、竞争形势不断变革，这种传统的渠道模式无法满足企业的发展需要，企业的营销渠道将呈现出五大发展趋势，如图19–4所示。

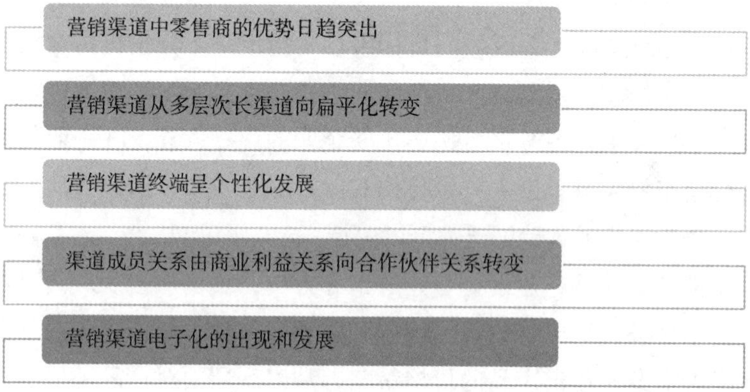

图 19–4　企业营销渠道的五大发展趋势

◆营销渠道中零售商的优势日趋突出

随着市场环境不断变革，现代零售业不断发展，科学技术不断进步，营销渠道的环境持续变化，零售商在营销渠道内的地位持续攀升，逐渐处于主导地位。

首先，目前的市场属于买方市场，有效供给大于有效需求，消费者成为各个企业争夺的稀缺资源，在渠道中位于最前端。距离目标市场最近，能对该市场产生直接影响的顾客成为产品进入市场的关键，这部分顾客也是企业争夺的焦点。其次，零售商通过各种方式持续扩张，包括兼并、连锁经营、特许经营等，集中程度不断提升。最后，随着全球经济一体化的趋势不断加强，销售渠道地区间的差异逐渐缩小。在经济发达的国家和地区，超级市场、连锁商店、直复营销等普遍存在，一些大型零售机构甚至搭建了全球销售网络。零售活动的国际化反过来增强了生产商开拓国际市场的能力，与此同时，生产商的国际化又对渠道网络的国际化提出了更高的要求。

◆营销渠道从多层次长渠道向扁平化转变

近年来，越来越多的企业认识到传统的金字塔式的销售渠道存在很多缺点，开始尝试搭建扁平化的结构，即缩短销售渠道，增加销售网点。通过减少中间环节、缩短渠道、绕过中间商进行直销，企业享受到了更多好处。与此同时，中间商的批发业务与零售业务的分界线逐渐淡化，零售商可以承担一部分批发功能，可以直接与生产者对接，满足生产者缩短渠道的需求。随着直接营销与短视频营销逐渐成为主流，长渠道营销将逐渐被市场抛弃，批发商的地位也将随之下降。

虽然渠道扁平化可以缩短销售流程，降低销售成本，扩大企业的利润空间，但渠道扁平化不是刻意地去除某个销售环节，而是对企业供应链进行优化，剔除多余的环节，推动供应链不断地向价值链转变。

◆营销渠道终端呈个性化发展

企业根据消费者的需求定制产品，不仅可以减少中间环节，实现“零库存”，而且产品的价格弹性非常大，可以让企业获得源源不断的利润。以海尔冰箱为例，海尔可以根据消费者的要求更换冰箱门板，设计冰箱外形。凭借这种“以人为本”的理念和柔性化的生产模式，海尔冰箱及海尔旗下的其他产品才能在市场竞争中脱颖而出，占据领先地位。与此相反的是，在竞争激烈的市场上，如果企业看不到消费者的差异化需求，或者不能满足消费者的差异化需求，必将被市场淘汰。

◆渠道成员关系由商业利益关系向合作伙伴关系转变

在传统的营销渠道中，各个渠道成员只看重自身利益，不会主动参与渠道建设、管理与维护。成员之间也只是单纯的利益关系，不会主动寻求合作。在竞争不激烈的市场上，这种模式可以满足各方的利益诉求。一旦市场不稳定，竞争加剧，各方就会出现利益摩擦，渠道冲突就会爆发。

在竞争激烈的市场环境中，渠道想要保持高速运转，各成员必须相互协作，生产商、批发商、零售商要形成战略合作伙伴关系，凝结为一个统一的整体，尤其要密切经销商与生产者之间的联系，让他们从商业利益关系转变为合作伙伴关系。在这种渠道模式中，渠道成员可以相互协作，以渠道效益最大化为目标进行联合经营。

◆营销渠道电子化的出现和发展

随着互联网不断发展，向零售行业持续渗透，一种全新的营销渠道——电子商务逐渐崛起。相较于传统渠道来说，电子商务有很多优势，如营销效率更高、费用更低、营销市场更广阔、营销环境的开放程度更高、营销方式更加多元、营销活动的交互性更强等。

在现代市场环境中，电子商务已经成为企业获取信息的有效途径，成为企业开发新产品、拓展新市场、寻找新的合作伙伴的最佳手段。营销渠道电子化促使销售方式与服务方式发生了巨大变革，使生产者与销售者之间的距离不断缩短，消除了商品流通过程中的很多环节，使产品价格不断下降。另外，营销渠道实现电子化改革之后，一些传统的中间商无法覆盖的角落也得到了广泛覆盖，破除了中间商对发展空间的限制之后，渠道成员可以直接参与到国际竞争中去，直接与国外的同行业企业进行较量。

第20章
渠道推广：产品渠道运营实战策略

新产品渠道推广与运营实战策略

新产品上市之后要利用各种渠道进行推广，包括线上渠道和线下渠道，这个过程可以划分为四个环节，分别是宣传造势与利益诉求、市场的成功突破、分销渠道跟进、渠道的系统管理与维护，如图20–1所示。

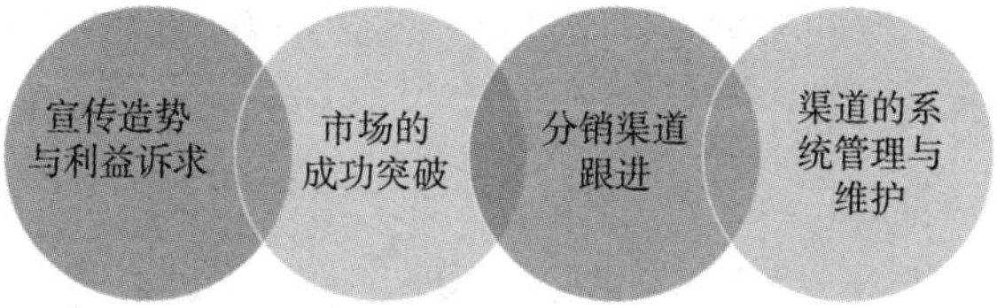

图 20–1　新产品渠道推广的四大环节

◆宣传造势与利益诉求

新产品上市之后，想要扩大影响力，实现产品信息的全覆盖，必须通过投入广告或整合渠道等方式进行宣传造势。宣传造势不仅可以扩大产品信息的传播范围，增进消费者对产品的认知，而且可以增强各级分销渠道成员的信心。因为对于各分销渠道的经销商来说，企业在新产品推广方面的投入越多，证明企业实力越强，企业的可靠度越高。但企业不能只加大广告投放力度，还要为经销商提供合理的价差，制定一系列激励措施，同时向消费者阐明产品卖点与优势，形成双向激励与诱惑。

只有将宣传造势与利益诱惑相结合，才能吸引区域市场的分销成员加入产品销售渠道，推进产品营销，建设品牌平台。这个环节结束之后，企业就可以进入渠道建设的下一个阶段了。

◆市场的成功突破

在吸引了部分分销渠道经销商加盟后，产品开始进入市场。在这个阶段，消费者对产品的了解不深入，信任度不高，分销渠道的加盟商也不会在新产品推广与销售方面投入太多资源，大部分经销商停留在观望阶段。在这种情况下，为了调动加盟商推广产品的积极性，企业必须培养直销队伍，辅助加盟商进行产品推广，组织开展促销活动，刺激消费者产生购买冲动，拉动消费，在市场营销中取得初步突破。

◆分销渠道跟进

虽然新产品在市场营销中取得了突破，企业与分销商取得了阶段性胜利，但在这个阶段，企业能够开发的市场资源寥寥无几，产品还没有形成成熟的盈利模式。在此形势下，企业必须采取分销跟进策略。

在新产品渠道策略中，分销跟进是一项重要策略，具体包括建立健全分销网络，以点带面持续扩展市场，通过渠道整合提高产品的见货率，增加产品销量，通过对分销商进行库存管理、回款管理、售后服务、深度拜访、物流配送、终端理货和终端生动化管理等贴近市场，跟进服务。

由此可见，分销跟进不仅是一项全流程服务，还是一个全面掌握市场信息、竞争信息的过程。在分销跟进的过程中，产品销售网络不断增强，产品销量持续提升，企业可以获得更及时的市场反馈，企业的销售系统可以实现更健康的发展。在此基础上，企业可以进入渠道建设的第四个环节。

◆渠道的系统管理与维护

新产品的分销渠道建成后，必须做好渠道管理与维护，包括完善渠道结构与系统、做好渠道的流程管理等。因为新产品分销渠道在建设过程中会与设计方案出现一定的偏差，在这种情况下，渠道运营人员必须及时对渠道进行调整，解决渠道建设过程中出现的一系列问题，包括品牌与销售之间的矛盾、渠道成员之间的矛盾、价差体系与利益分配体系之间的矛盾、窜货问题、市场秩序问题、渠道管理成本上升问题、渠道成员的管理与激励问题、物流管理问题、现金流管理问题等，维护分销渠道的健康。除渠道外，企业还要做好零售终端的管理与维护工作。

经过上述四个环节，企业可以在新产品进入市场之后，"以点带面"地突破市场，初步建立分销渠道，通过对分销渠道进行管理与维护，不断扩大产品销售规模，提高品牌认知度，完成从渠道突破到渠道系统化管理的转变，建立相对稳定的销售体系，为新产品后期的运营推广奠定良好的基础。

多产品渠道推广与运营实战策略

如果产品种类众多，不适合进行单渠道推广，可以采用多渠道推广方式，具体包括组合式推广和分品类经营。

◆组合式推广

顾名思义，组合式推广就是按照一定的规律将不同种类的产品组合在一起，用畅销品带动滞销品，或者让畅销品相互带动，提高消费者的单次消费额，是一种交叉营销方法，具体包括三种方式，如图20–2所示。

（1）硬性规定。规定批发商在购买畅销品或者回购某款产品时搭配购买一定数量的滞销品或者新产品。

（2）优惠吸引。规定只要批发商购买滞销品或者新产品就可以获赠一定比例的畅销品。

（3）积分刺激。规定批发商购买产品可以积分，购买滞销产品或新产品的积分比例要比畅销品高，积分累积到一定数额就可以换购畅销品或者其他奖励等，通过这种方式刺激批发商购买滞销产品或新产品。

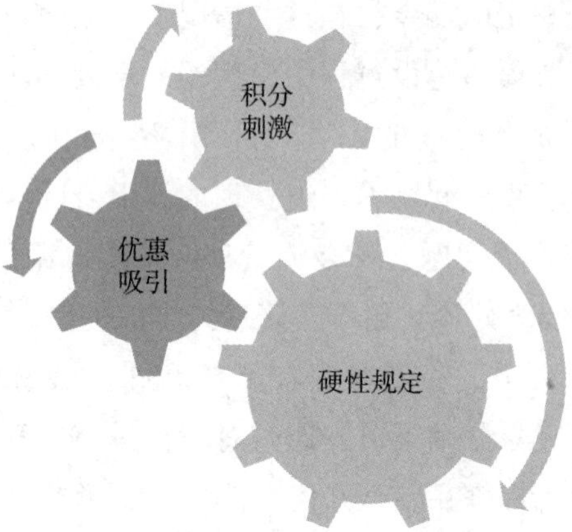

图 20–2　组合式推广的三种方式

在现实生活中，优惠吸引与积分刺激是比较常用的两种组合式推广方式，硬性规定这种推广方式很少使用。如果企业的综合实力比较强，而且知名度比较高、影响力比较大，可以采用硬性推广，但必须注意协调各个渠道之间的关系，以免引起渠道商的不满。

◆分品类经营

为了让每个品类的产品都能获得丰富的推广资源，企业可以采用分品类经营，即将不同品类的产品分派给不同的经销商经营，一方面集中经销商的资源进行产品推广，保证推广效果；另一方面让经销商感受到一定的压力，提高经营业绩。

分品类经营的具体操作流程如下：根据产品特点选择经销商，产品与经销商属于一对一的关系，即一个产品只有一个经销商，称为独家经销商。如果某一经销商想要经营其他的产品，必须到该产品的独家经销商处采购。如果哪款产品的推广效果不好，相应的经销商会被取消经销资格。在这种优胜劣汰机制的刺激下，经销商会整合一切资源进行产品推广。

分品类经营要做到“局部分、整体合”，也就是要将产品分派给不同的经销商经营，但每个产品都要体现企业整体形象。分品类经营对市场规模有一定的要求，市场规模最好处在中等水平。如果市场规模太大，一方面经销商无法独自推广一款产品，另一方面市场形势过于复杂，很难进行分品类经营；如果市场规模太小，分品类经营就会造成一定程度的资源浪费，容易引发市场纠纷，而且会导致经销商无法获得理想的销售额，推广营销的积极性下降。

销售旺季渠道推广的策略与方法

很多品类的产品有销售淡季与旺季，如羽绒服、连衣裙等服装，空调、冰箱、热水器等家电。对于一些企业来说，销售旺季的销售额会在很大程度上决定一整年的销售额，所以做好旺季销售非常重要。旺季渠道推广的两大策略如图20–3所示。

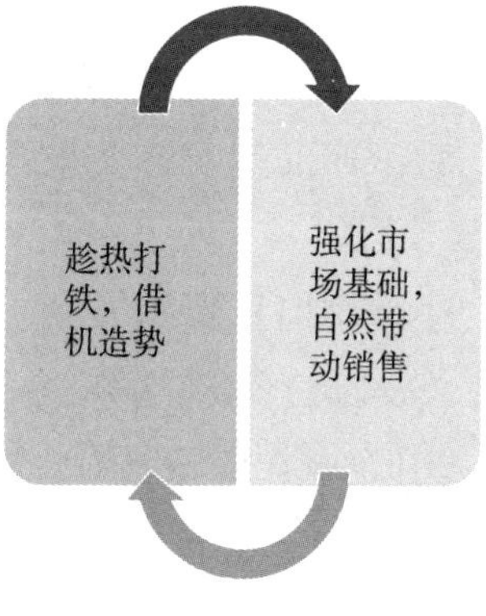

图 20–3　旺季渠道推广的两大策略

◆趁热打铁，借机造势

在产品销售旺季，企业不仅要加大推广力度，提高产品销量，而且要不断地拓展市场空间，延展产品的销售网络，强化渠道关系。在此阶段，最好的促销方式就是返利。返利可以采取两种方式：一种是实物返利；另一种是现金返利。实物返利的主要目的在于增加渠道中流通的产品，拓展产品的渗透范围；现金返利的主要目的在于用实际的利润刺激经销商增加进货量，扩大市场规模，抢占更多市场份额。

虽然返利可以刺激产品销售，但这种做法有一定的适用范围，即比较适合流通性较强、有一定品牌基础的产品使用。因为产品进入渠道之后，必须能够流通到消费者手中，否则无法发生交易，产品的价值也就无法实现。如果产品的流通性不强、知名度不高，采用返利方式刺激销售非常容易导致产品积压。为了避免这种情况发生，这类产品不能长时间使用返利措施，最好将主要的资源、精力放在零售端。

◆强化市场基础，自然带动销售

在销售旺季，产品渠道推广不是只有让利一种方式，企业还可以集中精力做好市场基础建设，通过强化市场基础促进产品销售，带动产品销量不断增长。市场基础建设可以采取的措施有很多，具体包括提高产品的铺货率、根据产品特点建立立体化的销售网络、在零售终端开展促销活动、完善产品陈列等。市场基础建设不需要企业投入太多资金，而且可以在活跃零售终端、刺激产品销售方面发挥积极的促进作用，效果显著。

在销售旺季，无论企业采用何种促销方案，都应该做好市场基础建设，尤其是综合实力不强、知名度不高、影响力不大的小企业。只有做好市场基础建设，才能不断提升企业在市场上的地位。

销售淡季渠道推广的策略与方法

很多企业认为淡季市场比较平淡，无论采取什么销售策略都很难取得较好的成绩，所以会将资源与精力投放到寻找其他的投资机会方面。其实，淡季是采取蚕食策略的最佳季节，如果企业能够抓住淡季抢占更多市场，就可以使销售业绩得以大幅提升。具体来看，淡季渠道推广的三大策略如图20–4所示。

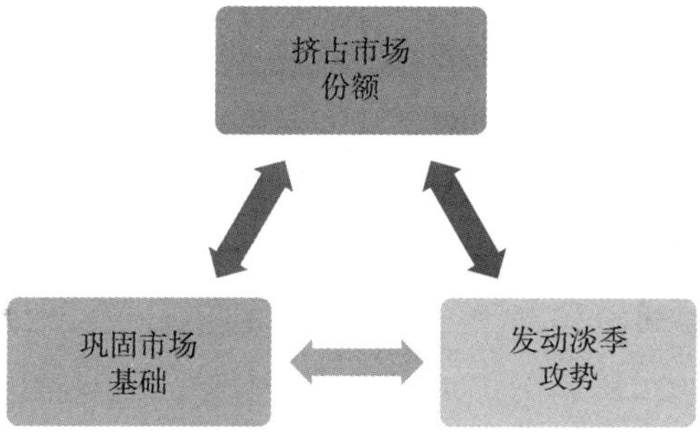

图 20-4 淡季渠道推广的三大策略

◆挤占市场份额

在此阶段，企业的销售策略要以维护、沟通渠道为重点，尤其是要想方设法与竞争对手的经销商建立合作关系，如赠送礼品、少量试销、个人关系沟通等，完善自己的销售网络。如果竞争对手的销售网络恰好可以弥补自己销售网络的缺陷，那么与竞争对手的经销商建立合作关系，不仅可以完善自己的销售网络，而且可以提高市场渗透率，扩大市场覆盖范围。

◆发动淡季攻势

企业在淡季发起进攻可以趁竞争对手放松懈怠的时刻抢占市场，完善自己的销售网络，为旺季做好准备。在这个阶段，企业可以采取的措施有很多，如返利、抽奖、强化铺货等，用各种利好措施刺激经销商不断进货，对渠道资金进行有效利用，同时也要面向消费者开展促销活动，让产品可以在渠道中顺畅流通。虽然企业要在淡季发起攻势，但力度不能太大，一方面，淡季产品销量增长的幅度有限，另一方面，如果经销商手中积压太多产品，会对后期的推广营销产生一定的制约。企业在淡季的主要任务还是做好市场基础建设，同时维护好经销商以及消费者的关系。

◆巩固市场基础

企业要在淡季做好市场基础建设，完善自己的销售网络，增强自身的竞争力。市场基础建设的主要任务包括维持一定的铺货率，持续吸引消费者关注，巩固消费者对品牌的记忆；做好产品陈列与包装，维护好客户关系，组织销售人员进行培训，提升自身的各项能力，为即将到来的销售旺季做好准备。

References | 参考文献

[1] 郭桂香. 探究互联网时代电商服务与网络营销的创新途径[J]. 经济师，2017, 337（3）：67–68.

[2] 马丹. "互联网+" 时代企业的营销策略研究[J]. 商场现代化，2018，872（11）：75–76.

[3] 李睿. 移动互联网环境下互动营销策略对消费者行为影响实证研究[J]. 智富时代，2017（7）：36–36.

[4] 王怡，杨帆，陈宁. 浅析新媒体时代下网络营销道德问题[J]. 传播与版权，2018, 61（6）：122–123.

[5] 孙春光. 移动电子商务互动营销及应用模式[J]. 智富时代，2017（12）：36.

[6] 郭国庆. 服务营销管理[M]. 北京：中国人民大学出版社，2009.

[7] 郭国庆. 营销理论发展史[M]. 北京：中国人民大学出版社，2010.

[8] 菲利普・科勒. 营销管理[M]. 第十二版. 北京：中国人民大学出版社，2012.

[9] 克里斯托弗・洛夫洛克. 服务营销[M]. 第六版. 北京：中国人民大学出版社，2010.

[10] 秦睿萱. 新媒体时代下的品牌营销传播策略——以航空产业为例[J]. 传播力研究，2017（10）.

[11] 刘蒙之. 新媒体时代出版社微信公众号运营现状、问题与对策研究[J]. 出版科学，2016，24（4）.

[12] 贾敏燕. 新媒体在企业品牌营销工作中的应用[J]. 中外企业家，2017（27）.

[13] 李爱梅，陳春霞，孙海龙，等. 提升消费者体验的故事营销研究述评[J].

外国经济与管理，2017（12）.
[14] 尚妍. 新媒体时代传统企业品牌营销传播策略探析[J]. 商场现代化，2017（1）.
[15] 卢易菊. 企业品牌营销存在的问题与对策[J]. 广西职业技术学院学报，2016（1）.
[16] 王庆. 互联网时代的新媒体营销研究[J]. 今传媒（学术版），2017（25）: 102-103.
[17] 赵凯朋. 互联网时代新媒体营销策略——以可口可乐新昵称瓶为例[J]. 晋城职业技术学院学报，2015（4）：83-85.
[18] 葛力铭. 互联网环境下新媒体广告营销研究——评《新媒体广告》[J]. 新闻与写作，2017（9）：01.
[19] 李侃. 基于"互联网+"时代的新媒体营销策略转型方法[J]. 中国市场，2019（17）：130-131.
[20] 谢霓. 互联网思维下的新媒体营销探析[J]. 现代营销，2017（9）：77.
[21] 毛广强."互联网+"时代下新媒体营销策略分析[J]. 市场周刊，2018（11）：108-109.
[22] 宋启平. 试析互联网思维下企业开展新媒体营销的策略[J]. 湖北经济学院学报（人文社会科学版），2016（7）：70-71.
[23] 余仙梅，毕进杰. 江小白的情感营销对我国白酒行业发展的启示[J]. 商业经济，2018(10)：59-61.
[24] 杨叶护. 江小白社会化营销的5个打法[J]. 销售与市场（管理版），2017(10).
[25] 胡正荣. 传统媒体与新兴媒体融合的关键与路径[J]. 新闻与写作，2015(5)：22-26.
[26] 彭兰. 场景：移动时代媒体的新要素[J]. 新闻记者，2015(3)：20-27.

[27] 伍境科. 移动场景时代广告文案的创意策略与表现研究[D]. 暨南大学，2018.

[28] 赵平. 品牌定位在市场营销战略中的地位探讨[J]. 改革与开放，2018(20)：6-8.

[29] 李宝琛. 浅析品牌定位在市场营销战略中的地位[J]. 现代营销，2017(2)：33.

[30] 陈逸舟. 场景营销案例—O2O篇[J]. 中国广告，2018(8).

[31] 刘艳. 移动互联时代场景营销探析[J]. 西部学刊，2016(18)：76-80.

[32] 彭兰. 场景：移动时代媒体的新要素[J]. 新闻记者，2015(3)：20-27.

[33] 谭天. 从渠道争夺到终端制胜，从受众场景到用户场景——传统媒体融合转型的关键[J]. 新闻记者，2015(4)：15-20.

[34] 郜书锴. 场景理论的内容框架与困境对策[J]. 当代传播，2015(4)：38-40.

[35] 郭国庆，高菡. 变革营销研究的最新进展及启示[J]. 当代经济管理，2019(4)：17-22.

[36] 赵相忠，张梦. 基于品牌知晓度的内容营销与品牌忠诚研究[J]. 商业研究，2019(1)：10-17.

[37] 李霞. "互联网+"背景下内容营销与产品定位的融合探讨[J]. 商业经济研究，2018(8)：51-53.

[38] 马涛，周艳，聂乃知. 内容破局："互联网下半场"的营销创新[J]. 新闻与写作，2018(2)：43-48.

[39] 游天嘉. O2O模式下零售业内容营销探析[J]. 商业经济研究，2017(17)：43-45.

[40] 李智颖. 移动互联网时代的场景理论研究[J]. 中国传媒科技，2017(10)：75-76.

[41] 傅慧芬，赖元薇. 消费电子品品牌社交媒体内容营销策略研究——基于

联想、华为、HTC和三星微信公众号的内容分析[J].管理评论，2016(10)：259–272.
[42] 李蕾.内容营销理论评述与模式分析[J].东南传播，2014(7)：136–139.
[43] 周懿瑾，陈嘉卉.社会化媒体时代的内容营销：概念初探与研究展望[J].外国经济与管理，2013(6)：61–72.
[44] 周敏.基于顾客体验的多场景组合内容营销路径探索[J].商业经济研究，2018(1)：56–58.
[45] 武文珍，陈启杰.基于共创价值视角的顾客参与行为对其满意和行为意向的影响[J].管理评论，2017(9)：167–180.
[46] 郑秋莹，姚唐，曹花蕊，等.是单纯享乐还是自我实现？顾客参与生产性消费的体验价值[J].心理科学进展，2017(2).
[47] 范志国，柴海静.在线品牌社群中顾客参与、顾客契合与品牌忠诚的关系研究——感知不确定性的调节作用[J].财经论丛（浙江财经学院学报），2017(7)：95–103.
[48] 张婧，朱苗，杜明飞.组织间关系调节作用下顾客参与对B2B企业营销创新能力的影响[J].管理学报，2017(9)：1332–1339.
[49] 李超.消费”心时代”[J].市场研究，2008(4)：56–57.
[50] 岳建秋，谌飞龙，吴群.基于消费者心智资源开发的品牌优势塑造[J].中国工业经济，2007(3)：88–95.
[51] 冯丽云.现代市场调查与预测[M].北京：经济管理出版社，2003.
[52] 张卫星.市场预测与决策[M].北京：北京工业大学出版社，2002.
[53] 李少华，雷培莉.市场调查与数据分析[M].北京：经济管理出版社，2001.
[54] McDaniel C，Gates R.当代市场调研[M].北京：机械工业出版社，2000.

[55] 樊志育. 市场调查[M]. 上海：上海人民出版社，1995.

[56] 王静. 现代市场调查[M]. 北京：北京经济学院出版社，1995.

[57] 宋雅龄，冯丽云. 市场调查预测指南[M]. 北京：化学工业出版社，1993.

[58] 徐金发. 市场调查与预测[M]. 杭州：杭州大学出版社，1993.

[59] 方爱群，孙亮. 企业经营风险决策[M]. 合肥：安徽人民出版社，1990.

[60] 庞晓波，靳刘蕊. 经济预测与决策[M]. 长春：吉林大学出版社，1990.